Modern
GERMAN
Grammar
WORKBOOK

Routledge Modern Grammars

Series concept and development – Sarah Butler

Related title:

Modern German Grammar

Modern GERMAN Grammar WORKBOOK

Bill Dodd, Christine Eckhard-Black,
John Klapper, Ruth Whittle

London and New York

First published 1996 by Routledge
11 New Fetter Lane, London EC4P 4EE

Simultaneously published in the USA and Canada
by Routledge
29 West 35th Street, New York, NY 10001

Typeset in Utopia by Solidus (Bristol) Limited
Printed and bound in Great Britain by
TJ Press Ltd, Padstow, Cornwall

British Library Cataloguing in Publication Data
A catalogue record for this book is available from the British Library

Library of Congress Cataloguing in Publication Data
A catalogue record for this book is available from the Library of Congress

ISBN 0-415-12094-2

Contents

Introduction

Modern German Grammar Workbook is an innovative workbook designed to be used with modern approaches to teaching and learning German as a foreign language. The book addresses learners' practical needs by combining structural exercises with tasks that practise communication skills. Section 1 provides exercises based on essential grammatical structures. Section 2 practises individual functions and small groups of functions such as making introductions, expressing needs, describing people, etc. Many of the exercises are based on settings explained at the beginning of this part. Section 3 allows you to take on realistic roles in short scenes, set in a range of different contexts. The emphasis here is on finding appropriate ways to express the various roles. Sections 2 and 3 are designed so as to make it easy to work through situations as and when you need them. The comprehensive key at the end of the book will allow you to check on your progress.

The book is intended for all those who have a basic knowledge of German, including undergraduates taking German as a major or minor part of their studies, as well as intermediate and advanced students in schools and adult education. Ideally it should be used alongside Routledge's *Modern German Grammar*. The exercises in Sections 1, 2 and 3 are cross-referenced to the relevant sections of the *Grammar* in an index at the end of the workbook. The references introducing each scene in Section 3 correspond to entries in the index of *Modern German Grammar*. These help you to find how to express yourself in a way appropriate to the particular scene.

1 Structures

1

Rephrase the following sentences beginning with the word or words in brackets:

1   Die alte DDR ist zusammengebrochen. [erst 1989]
2   Er sieht acht Stunden fern. [jeden Tag]
3   Ich bin gegen diese Idee. [mit anderen Worten]
4   Das ist sehr gut möglich. [meiner Meinung nach]
5   Sie sind Deutscher? [also]
6   Ich fand den Film langweilig. [um die Wahrheit zu sagen]
7   Er spielt Tennis [samstags]
8   Sie ist zurückgekommen. [nach einer Stunde]
9   Sie können mich anrufen. [wie gesagt]
10 Das stimmt. [ja]

2

Give all the possible word orders for the following sentence:
Ich habe nach dem Unfall die Polizei angerufen.

3

Turn the following sentences round so that they begin with the subordinate clause:

1   Man muß den Paß dabei haben, wenn man Reiseschecks einlöst.
2   Ich weiß nicht, ob er heute kommt.
3   Ich bleibe hier, bis ich den Manager sprechen kann.
4   Sie hatte eine Flasche Wein getrunken, bevor das Essen serviert wurde.
5   Bayern München wird Meister, wenn er dieses Spiel gewinnt.

4

Join the two sentences using the word in brackets:

1   Ich konnte nicht schlafen. [nachdem] Ich hatte den ganzen Abend Kaffee getrunken.
2   Das ist kein Problem. [solange] Er hat ein gutes Gehalt.
3   Danke, ich esse keinen Kuchen. [denn] Ich versuche abzunehmen.
4   Ich sage dir Bescheid. [sobald] Er ruft an.
5   Du kannst mit mir kommen. [oder] Du kannst hier bleiben.
6   Ich habe stundenlang geübt. [so daß] Ich kannte das Stück auswendig.
7   Man muß die Fahrprüfung bestehen. [bevor] Man darf alleine fahren.
8   Er hat die ganze Zeit am Tisch gesessen. [während] Ich habe das Essen gemacht.
9   Ich kann heute abend nicht kommen. [da] Ich bin schon verabredet.
10 Du hast mich einmal angerufen. [als] Du warst in Australien.

5 Make sentences out of the following, beginning with the subordinate clause:

1   Obwohl + sie arbeitet unheimlich viel + sie vergißt auch nicht ihre Freizeit.
2   Ob + er hat die Stelle bekommen + ich weiß nicht.
3   Bis + er zahlt das Geld zurück + er muß bei seinen Eltern leben.
4   Als + sie kam aus dem Urlaub zurück + Hunderte von Briefen warteten auf sie.
5   Wenn + du hast Interesse + wir können heute abend ins Theater gehen.

6 Begin the sentences using the words in brackets:

1   Er wird es bestimmt haben wollen. [Ich bin sicher, daß]
2   Er hätte den Wagen nicht kaufen sollen. [Ich meine, daß]
3   Ich habe das Essen bezahlen müssen. [Er ist verschwunden, so daß]
4   Ich kann dich zum Flughafen fahren. [Ich habe den Morgen frei bekommen, damit]
5   Ich hätte mitfahren wollen. [Wenn ich den Tag frei bekommen hätte]

7 Join the two parts of the sentence to make an indirect question:

1   Ich weiß nicht genau + Wann beginnt der Film?
2   Ich frage mich + Warum hat sie das gesagt?
3   Können Sie mir sagen? + Mit wem ist er ausgegangen?
4   Keiner konnte sagen + Was für ein Auto war das?
5   Wissen Sie zufällig? + Wo finde ich hier eine Telefonzelle?
6   Man weiß ja nie + Wie stehen die Chancen?
7   Ich habe keine Ahnung + Woher kommt das?
8   Ich weiß schon + Wem gehört der Porsche?
9   Es ist allgemein bekannt + Welche sind die besten Universitäten?
10 Ich kann vielleicht erraten + Wo bist du in letzter Zeit gewesen?

8 Supply the relative pronoun only:

1   Ist das der Wagen, für _____ du 10 000 DM gezahlt hast?
2   Ich kenne eine Kneipe, in _____ es irisches Bier gibt.
3   Die Firma, bei _____ ich arbeite, zahlt ganz gut.
4   Das ist der Mann, _____ wir geschrieben haben.
5   Das ist alles, _____ ich erwartet habe.
6   Die Frau, _____ Sie Blumen geschenkt haben, ist meine Verlobte.
7   Die Leute, mit _____ ich zusammenarbeite, sind einfach toll.
8   Das einzige, _____ er sagen konnte, war 'Es tut mir leid'.
9   Sie hat das Geld ihrem Sohn gegeben, _____ es dann sorgfältig zählte.
10 Er nannte zwei Firmen, _____ Angestellte fünf Wochen Urlaub bekommen.

9 Put the adverbials (in brackets) in the correct order:

1   Sie fährt [zur Arbeit] [jeden Tag] [mit dem Bus].
2   Ich kaufte den Regenschirm [im Kaufhof] [gestern].
3   Ich schreibe den Bericht [in aller Ruhe] [zu Hause] [morgen].
4   Er fliegt [von Frankfurt] [wohl] [heute].
5   Ich lese [morgens] [im Zug] die Zeitung.
6   Du kannst [bei uns] [doch] [diesen Sommer] arbeiten.
7   Fahren Sie [langsamer] [jetzt] [diese Straße entlang]!

8 Wir sagen Ihnen [telefonisch] [morgen] unsere Entscheidung.
9 Sie haben mir dieses Bilderbuch gekauft [zum Geburtstag].
10 Sie hat [auf der Konferenz] [letzte Woche] [sehr selbstbewußt] gesprochen.

10 Arrange in the normal word order:

1 Ich zeige [meiner Kollegin] [den Bericht].
2 Ich zeige [ihr] [ihn].
3 Ich zeige [ihr] [den Bericht].
4 Ich zeige [meiner Kollegin] [ihn].
5 Hast du [die Zahlen] [dem Abteilungsleiter] gesagt?
6 Hast du [sie] [ihm] gesagt?
7 Hast du [die Zahlen] [ihm] gesagt?
8 Hast du [dem Abteilungsleiter] [sie] gesagt?
9 Sie gab [ihren Freunden] [die Diskette].
10 Sie gab [ihnen] [sie].
11 Sie gab [ihren Freunden] [sie].
12 Sie gab [die Diskette] [ihnen].

11 Insert **nicht** in the following sentences. Where a particular element is to be negated, it is italicized:

1 Das Fest findet am kommenden Wochenende statt.
2 Das Fest findet *am kommenden* Wochenende statt.
3 Ich möchte jetzt *darüber* sprechen.
4 Ich möchte *jetzt* darüber sprechen.
5 Sie hat diesen Brief schicken sollen.
6 Sie hat *diesen* Brief schicken sollen.

12 Insert **sich** in the correct place:

1 Wissen Sie, wo die Fabrik befindet?
2 Er befindet in einer schwierigen Situation.
3 Gestern haben Manfred und Gabi verlobt.
4 Wissen Sie, warum das Buch so gut verkauft?
5 Es ist wichtig, Zeit zu nehmen, um die Zeitung zu lesen.

13 Say which element in the sentence is being emphasized as new or interesting information:

1 Nach einem langen Arbeitstag trinke ich am liebsten einen Cognac.
2 Es kommen heute aus dem Fernen Osten gleich zwei Delegationen.
3 Dem Chef habe ich gerade die Verkaufszahlen gezeigt.
4 Nach langen Verhandlungen wurde heute als neuer Vorsitzender Herr Roloff genannt.
5 Die Verkaufszahlen habe ich jetzt dem Chef gezeigt.

14 Insert **dich** or **dir**, as appropriate:

1 Gehört _____ diese Brieftasche?
2 Ich suche _____ seit einer Stunde.
3 Ein böses Wort kann _____ nichts schaden.
4 Es ist _____ gelungen, in die Mannschaft zu kommen.

5   Hat er _____ gestern angerufen?
6   Der Anzug paßt _____ wirklich gut.
7   Mein Dank gilt auch _____.
8   Ich traue _____.
9   Die Jacke hat _____ tausend Mark gekostet?!
10 Ich antworte _____ morgen.

15 Insert the correct case form of the noun or pronoun in brackets for each of the prepositions:

Example: **aus/für/mit [das Geld]** →
aus dem Geld/für das Geld/mit dem Geld

1   angesichts/durch/mit [die Tatsache]
2   außer/mit Ausnahme von/ohne [ich]
3   gegen/laut/statt [dieser Bericht]
4   während/nach/bis zu [die Ferien]
5   um/mit/aufgrund [jenes Schreiben]

16 Supply the correct case form of the noun or pronoun in brackets:

1   Sie kommt gut mit [ihre Familie] aus.
2   Er ist vor einer Minute aus [das Haus] gekommen.
3   Ich wohne hier um [die Ecke].
4   Nach [das Konzert] aßen wir eine Pizza.
5   Hast du etwas gegen [ich]?
6   Die ganze Familie wird da sein außer [mein Bruder].
7   Angesichts [diese Tatsache] muß man ihm recht geben.
8   Ich mußte heute ohne [mein Frühstück] zur Arbeit.
9   Anstelle [die Wohnung] in der Stadtmitte könnten wir ein Haus auf dem Lande kaufen.
10 Manchmal will er mit dem Kopf durch [die Wand].
11 Ab [der erste Juni] gelten die neuen Regelungen.
12 Laut [dieser Vertrag] bekomme ich zwanzig Tage Urlaub.

17 Select the correct case form from the options in brackets:

1   Fahren wir morgen [auf dem Land/aufs Land]!
2   Stellen Sie das Buch wieder [ins Regal/im Regal]!
3   Sie hat [neben mir/neben mich] gesessen.
4   Der Zug fuhr [in einem Tunnel/in einen Tunnel] ein.
5   Das Geld habe ich [auf dem Tisch/auf den Tisch] gelegt.
6   Sie hat sich [neben mir/neben mich] gesetzt.
7   Er steckte das Geld [in der Tasche/in die Tasche].
8   Den Champagner habe ich [in dem Kühlschrank/in den Kühlschrank] gestellt.
9   Das Geld hat vor fünf Minuten [auf dem Tisch/auf den Tisch] gelegen.
10 [In der Küche/In die Küche] lief sie besorgt herum.

18 Supply the correct case form for the words in brackets:

1   Ist [Ihr Mann] nicht wohl?
2   Ich bin [die Mitglieder des Vereins] sehr dankbar.
3   Wir waren [letzter Monat] in der Schweiz.
4   Nach einem Glas Wein ist sie sogar [ein Banküberfall] fähig.

5 Es ist [das Management] egal, wer geht.
6 [Ein Tag] werde ich Amerika sehen.
7 Die Stadtrundfahrt ist [das Geld] wert.
8 Sind Sie sich [die Gefahr] bewußt?
9 Ich war [vorige Woche] in Wien.
10 Sie ist ja [ihre Mutter] sehr ähnlich.

19 Insert the correct case form:

1 Ein Glas [lauwarme Cola] kostet vier Mark!
2 Wir haben mit einer Flasche [teurer Sekt] gefeiert.
3 Ich habe zwei Glas [badischer Wein] bestellt.
4 Ich bin Ihrem Nachbarn, [der Schuldirektor], begegnet.
5 Die Stimmen von zwei Millionen [Arbeitslose] kann man nicht ignorieren.

20 Insert the article where appropriate:

1 Wo haben Sie gelernt, so schön [das] Klavier zu spielen?
2 Ist [der] Kapitalismus die beste Gesellschaftsform?
3 Man glaubt nicht mehr so naiv an [den] Fortschritt.
4 [Die] Zeit vergeht schnell.
5 [Das] Frankfurt der dreißiger Jahre hat sehr anders ausgesehen.
6 Ist [der] Rote Platz in Moskau oder St. Petersburg?
7 Wann sind Sie denn aus [dem] Bett gekrochen?
8 Sie leidet [an/am] Lungenkrebs.
9 Gehen wir vor [dem] Abendessen schwimmen?
10 Kommen Sie [an/am] Mittwoch vorbei!

21 Sort the following nouns into three groups according to their gender:

Konkurrenz, Studium, Verteiler, Fabrikant, Identität, Testament, Fabrikat, Faktum, Verteilung, Fabrik, Sozialist, Lehrling, Juli, Drittel, Marionette, Konkurrent, Teilchen, Monetarismus, Faschismus, Opposition, Bürgertum, Interessent, Telefonat, Frühling, Freundschaft, Gymnasium, Tiefe, Fahrlässigkeit, Brisanz, Mühsal.

22 Give the compound noun (by combining the following) and its gender:

1 das Fenster + der Sitz
2 das Radio + die Sendung
3 der Sommer + das Kleid
4 der Abend + das Gymnasium
5 das Fenster + die Scheibe

23 Give (a) the genitive singular and (b) the genitive plural of the following nouns:

1 der Sommer
2 der Franzose
3 der Name
4 der Tisch
5 der Mensch
6 das Verdienst

7 der Junge
8 die Tür
9 der Gedanke
10 der Fluß

24

Give the plural of the following nouns:

1 die Gabe
2 der Tag
3 die Kuriosität
4 der Konkurrent
5 die Regelmäßigkeit
6 die Interferenz
7 der Kommunist
8 die Klinik
9 der Mechaniker
10 die Chefin
11 der Interessent
12 die Datei
13 der Soziologe
14 die Störung
15 der Ingenieur
16 der Fahrer
17 die Durchsage
18 der Intendant
19 der Film
20 der Verteiler
21 der Laden
22 das Faktum
23 der Scheck
24 das Kindlein
25 die Hand

25

Supply the pronoun to match the noun in brackets:

1 [Der Schlüssel] paßt nicht.
2 [Die Stühle] gefallen mir.
3 Wann macht [die Bibliothek] auf?
4 Was kostet [der PC]?
5 [Das Wasser] ist gesperrt.

26

Supply the correct form of the possessive adjective:

1 Das Mineralwasser ist [mein].
2 Der Mercedes ist [ihr].
3 Sind die Blumen [Ihr]?
4 Sein Geburtstag ist vorbei. Ich spare jetzt für [dein].
5 Wir können uns nicht in meiner Wohnung treffen. Wie wäre es mit [euer]?

Example: **Das ist meines.**

27 — Supply the pronoun for the noun in brackets; use the appropriate case form:

1 Hast du _____ verkauft? [der PC]
2 Gibst du _____ mir bitte? [die Diskette]
3 Kennen Sie _____? [meine Freundin]
4 Ich habe gerade einen Brief an _____ geschrieben. [der Direktor]
5 Sind Sie schon mit _____ bekannt? [die Vermieterin]
6 Ich glaube _____ nicht. [die Politiker]
7 Bitte verbinden Sie mich mit _____. [Frau Köster]
8 Das Essen wurde von _____ bezahlt. [mein Vater]
9 Ich kann _____ nicht genug danken. [meine Eltern]
10 Ich habe mit _____ gute Erfahrungen gemacht. [der neue Lehrer]

28 — Use the correct form of the pronoun to match the noun in brackets:

1 Wir sprachen gestern über _____ [Herr Stein].
2 Das hängt von _____ ab [die Qualität der Software].
3 Ich arbeite gern mit _____ [diese Software].
4 Arbeiten Sie mit _____ [Herr Stein]?
5 Das hängt von _____ ab [Herr Stein].

29 — Give the third person singular of the following verbs (a) in the present tense and (b) in the simple past:

1 machen
2 testen
3 interviewen
4 denken
5 bringen

30 — Give the present tense forms of the following verbs in (a) the third person singular and (b) the second person plural familiar (**ihr**-form):

1 sprechen
2 wissen
3 haben
4 werden
5 nehmen
6 fahren
7 geben
8 schlafen
9 laufen
10 brechen
11 helfen
12 halten
13 fangen
14 sehen
15 fallen

31 Supply the correct form of **sein** or **haben**, as appropriate:

1 _____ er lange gewartet?
2 _____ du je einen VW-Käfer gefahren?
3 _____ du das Taxi bestellt?
4 _____ ihr mit der Bahn gekommen?
5 _____ Sie mich angerufen?
6 _____ ihr ihn getroffen?
7 Wann _____ Sie geboren?
8 _____ der Zug schon abgefahren?
9 _____ du nach Stuttgart geflogen?
10 _____ ihr lange dort gestanden?
11 Ein Unfall _____ passiert.
12 Das _____ zwei Stunden gedauert.
13 Es _____ euch wirklich gelungen.
14 Ich _____ dich nicht verstanden.
15 Es _____ gut geklappt.
16 Ich _____ ihr zweimal begegnet.
17 _____ wir schon die Grenze passiert?
18 Wir _____ es endlich losgeworden.
19 Was _____ hier geschehen?
20 _____ Sie meinen Brief bekommen?

32 For the following verbs, give the third person singular (a) in the present tense and (b) in the simple past:

1 können
2 wollen
3 dürfen
4 sollen
5 lassen

33 Supply the appropriate past participle of the verb in brackets:

1 Sie hat alles gut verstehen _____. [können]
2 Sie hat Spanisch nicht sehr gut _____. [können]
3 Ich habe diese Party nicht _____. [wollen]
4 Ich habe die Jacke nicht kaufen _____. [wollen]
5 Du hättest ihm nichts davon sagen _____. [sollen]
6 Ohne dieses Geld hätte ich gar nicht studieren _____. [können]
7 Ohne diese laute Musik hätte sie alles gut verstehen _____. [können]
8 Ich wollte nichts sagen aber ich habe es doch tun_____. [müssen]

34 Translate:

1 She doesn't have to come.
2 He doesn't need to come.
3 They mustn't come.
4 Can we swim here?
5 I ought to write.
6 I am supposed to write.

35   What if . . .? Translate:

1   If I were in Germany . . .
2   If we went to/were to go to Germany next week . . .
3   If I had no money tomorrow . . .
4   I would have the money, if . . .
5   I would have had the money, if . . .
6   She would have come, if . . .
7   We would have written, if . . .
8   He would have gone to Munich, if . . .
9   I could have gone to Germany, if . . .
10   I could have had no money, if . . .
11   She would have wanted to go to Germany.
12   He would have been able to buy the car.
13   I should have said that.
14   They shouldn't have written this letter.
15   We would not have been allowed to smoke.

36   Sort the following verbs according to whether they are (a) separable, (b) inseparable or (c) either separable or inseparable depending on the meaning, and give the meaning:

ankommen, abfahren, bekommen, aufgehen, vergehen, mitfahren, befahren, zerfahren, umfahren, entkommen, erfahren, vorkommen, umgehen, mitschreiben, umschreiben, beschreiben.

37   Say whether the following past participles are from separable or inseparable verbs:

1   umgangen
2   abgefahren
3   erfahren
4   umgeschrieben
5   aufgenommen
6   benommen
7   aussortiert
8   umgegangen
9   verspürt
10   umschrieben

38   Give (a) the third person present tense, (b) the third person simple past and (c) the past participle of the following verbs:

1   verschlafen
2   einschlafen
3   besprechen
4   ausschneiden
5   vernehmen
6   einbrechen
7   begreifen
8   verbrechen
9   verstehen
10   begehen

11   ausstoßen
12   erfahren
13   abfahren
14   besitzen
15   beschreiben

39

Supply the appropriate reflexive pronoun:

1   Du kannst es _____ noch eine Woche überlegen, wenn du willst.
2   Ich kann _____ deine Eltern kaum vorstellen.
3   Ich glaube, Sie irren _____.
4   Ich muß _____ mit Ihnen unterhalten.
5   Ich habe _____ in dich verliebt.
6   Du hast _____ einen PC gekauft?
7   Was bildest du _____ ein?
8   Bewirbst du _____ um die Stelle?
9   Ich muß _____ noch rasieren.
10   Ich muß _____ noch das Gesicht waschen.

40

Supply the appropriate preposition to go with the verb and the object of the verb:

1   Es hat _____ einem harmlosen Witz angefangen.
2   Ich erinnere mich gern _____ diese Zeit.
3   Interessieren Sie sich _____ Musik?
4   Sie kämpft _____ ihre Rechte.
5   Ich muß dich _____ meinem Bruder warnen.
6   Die Jacke paßt gut _____ der Hose.
7   Man redet immer nur _____ das Wetter!
8   Sind Sie _____ die neuen Öffnungszeiten informiert?
9   Sie brauchen keine Angst _____ dem neuen Chef zu haben.
10   Es riecht hier _____ Benzin.
11   Alle haben _____ dem Geschenk beigetragen.
12   Dieses Medikament soll ihn _____ einer Infektion schützen.
13   Der Bericht befaßt sich _____ den Problemen der Wirtschaft.
14   Sie haben _____ meinen Brief gar nicht reagiert.
15   Ich denke gern _____ die Zeit, wo ich in Marburg war.
16   Sie bewirbt sich _____ eine neue Stelle.
17   Wenn Sie morgen zelten, müssen Sie _____ schlechtem Wetter rechnen.
18   Meine Eltern können sogar _____ das Wetter streiten.
19   Warten Sie auch _____ den Zug nach München?
20   Darf ich Sie _____ die Tageskarte bitten?

41

Supply the correct case form of the words in brackets:

1   Das Schulorchester hat an [das] Konzert teilgenommen.
2   Mein Argument beruht auf [eine wichtige] Statistik.
3   Das Buch besteht aus [zwei Teile].
4   Erinnern Sie sich an [das alte] Haus?
5   Er hat auf [die] Startpistole gar nicht reagiert.
6   Es liegt nicht an [das] Wetter.
7   Ich gewöhne mich langsam an [das] Nichtrauchen.

8 Bei dem Examen kommt es auf [die] Fragen an.
9 Ich verzichte auf [der] Kaffee, danke.
10 Meine Frau besteht auf [ein] Urlaub in der Bretagne.
11 Es tut mir leid – ich bitte um [Ihr] Verständnis.
12 Ich freue mich wirklich über [diese] Nachricht.
13 Haben Sie Angst vor [die] Polizei?
14 Die Mannschaft mußte um [jeder] Punkt hart kämpfen.
15 Denken Sie bitte sorgfältig über [dieses] Angebot nach.
16 Du hast sehr viel zu [die] Diskussion beigetragen.
17 Paßt die Jacke zu [dieses] Kleid?
18 Ich verzichte auf [mein] Teil des Geldes.
19 Er besteht auf [sein] Teil des Geldes.
20 Ich bin in [die] Stadt verliebt.

42

Give the third person subjunctive I and subjunctive II forms of the following:

1 er hat
2 sie ist
3 man wird
4 es geht
5 es kann
6 du bist gegangen
7 sie hat gesagt
8 er hat fahren können
9 du hast nichts sagen wollen
10 er wollte es kaufen

43

Put the following sentences into the passive, keeping the same tense of the verb. Use **von** or **durch** to express the agent or the instrument of the action where there is one:

1 Die Polizei kontrolliert die Geschwindigkeit der Autos.
2 Mein Bruder hat das ganze Geld ausgegeben.
3 Die Werkstatt prüft die alten Batterien.
4 Man kauft immer noch die alten VWs.
5 Sie mietete eine schöne Wohnung in der Stadtmitte.
6 Dienstags bringt man die Illustrierte.
7 Später holt jemand den Reifen ab.
8 Die Aufwertung der DM macht deutsche Exporte teurer.
9 Ich habe das Zimmer vor zwei Monaten gebucht.
10 Ein reiner Zufall brachte uns zusammen.
11 Gestern brachte deine Mutter den Franz zum Bahnhof.
12 Du mußt diesen Brief schreiben.
13 Man hatte ihr schon damals nicht geglaubt.
14 Sein Entschluß hatte alles riskiert.
15 Da er das Auto illegal geparkt hatte, hatte die Polizei es abgeschleppt.

44

Give the **du** and the **ihr** forms of the imperative for the following:

1 Nehmen Sie es!
2 Geben Sie es mir!

3   Beschreiben Sie es!
4   Testen Sie es!
5   Sagen Sie ab!
6   Machen Sie den Fernseher an!
7   Haben Sie bitte Verständnis!
8   Seien Sie bitte geduldig!
9   Sprechen Sie doch langsamer!
10 Helfen Sie mir!

45 Rewrite the following sentences beginning with **Es**:

1   Ihm fehlt nur das Geld.
2   Becker und Agassi spielen im Finale.
3   Weitere Beispiele könnten hier genannt werden.
4   In dieser Gegend besteht Brandgefahr.
5   Andere Gründe dürften dazu geführt haben.

46 Translate the following, using the verb **gelingen** and the appropriate case forms:

1   I succeeded in changing the flight reservation [den Flug umzubuchen].
2   She will succeed in changing the flight reservation.
3   They have succeeded in changing the flight reservation.
4   You [du] succeeded in changing the flight reservation.
5   We had succeeded in changing the flight reservation.

47 Supply the correct adjective ending where one is required:

1   Der neu___ Volkswagen ist nicht billig___.
2   Ein neu___ VW kostet fünfzehntausend Mark.
3   Mein alt___ VW hat nur achthundert Mark gekostet.
4   Die alt___ VWs waren gut___.
5   Die alt___ VWs waren die best___ Autos der Welt.
6   Dies___ rot___ VW ist jetzt dreißig Jahre alt___.
7   Ist jed___ neu___ VW heute so gut___?
8   Alle neu___ VWs sind schön___.
9   Viele neu___ VWs haben Airbag.
10 Alt___ VWs waren besser___ gebaut.

48 Supply the correct adjective ending where one is required:

1   Der neu___ Chef kommt morgen.
2   Ein neu___ Chef bringt immer neu___ Ideen.
3   Er hat kein___ Geld – das alt___ Problem!
4   Italienisch___ Wein ist nicht teuer.
5   All___ dies___ schön___ Ideen sind von ihr gekommen.
6   Bei all___ unsr___ Freunden ist es auch so.
7   Das ist für mich kein___ groß___ Problem.
8   Hast du schon unser neu___ Haus gesehen?
9   Ich wünsche dir all___ Gut___!
10 Hat er etwas Wichtig___ gesagt?

11 Das ist kein___ schlecht___ Bier.
12 Hell___ Bier empfehle ich dir.
13 Mit dunkl___ Bier kann ich nichts anfangen.
14 Es gibt einig___ klein___ Probleme.
15 Infolge ein___ schlimm___ Unfalls gibt es Staus auf der neu___ Autobahn.
16 Er ist mit nichts Neu___ zurückgekommen.
17 Hier gibt es allerlei Interessant___ aber nichts Billig___.
18 Der Preis gut___ französisch___ Weins ist nicht so hoch.
19 Aber der hoh___ Preis dies___ französisch___ Weins ist unverschämt.
20 Wo hast du dies___ super___ Kleid gefunden?

49

Supply the correct form of the adjective:

1 Die [hoch] Kosten machen es schwierig.
2 Die [Berlin] Mauer hat fast dreißig Jahre gestanden.
3 Mit dieser [super] Leistung hat sie die Goldmedaille gewonnen.
4 In der [Frankfurt] Innenstadt gibt es jetzt fast nur Banken.
5 Diese Fernsehsendung ist in [ganz] Deutschland beliebt.
6 Sie sieht toll aus in diesem [rosa] Anzug.
7 Er trägt immer nur einen [dunkel] Pulli.
8 Das war ja ein schöner, [edel] Gedanke!
9 Wir mußten das Auto für [teuer] Geld reparieren lassen.
10 Deutsche Produkte sind in [all] Welt bekannt.

50

Give the comparative and superlative (**am _____sten**) form of the following adjectives:

1 billig
2 kalt
3 klug
4 groß
5 beliebt
6 unverschämt
7 nah
8 warm
9 jung
10 hoch

51

Identify the extended adjectival phrase and translate the sentence:

1 Dieser von BMW entwickelte Motor ist revolutionär.
2 Die von BMW übernommene Rover-Gruppe hatte vorher mit Honda zusammengearbeitet.
3 Es ist eine mit vielen Nachteilen verbundene Praxis.
4 Die um eine bessere Umwelt kämpfenden Ökologen haben die deutsche Politik stark beeinflußt.
5 Wasser- und Windenergie ist eine sich ständig erneuernde Energiequelle.

52

Form a question beginning with **wo-** for each of the following:

1 Wir haben noch nicht darüber gesprochen.
2 Dadurch wird es möglich.

3   Darin liegt der Unterschied.
4   Hat er danach gefragt?
5   Davon hängt alles ab.

53

Insert the comparative form of the adverb; then compose a sentence with the equivalent superlative form:

Example: **Der Uli fährt [langsam] als Ute und Franz** →
Der Uli fährt langsamer als Ute und Franz. Er fährt am langsamsten.

1   Du sprichst [fließend] als die anderen Ausländer.
2   Der Amerikaner sprang [hoch] als der Franzose und der Brite.
3   Die neuen Maschinen sind [leistungsfähig] als die alten.
4   Sind deutsche Autos [gut] gebaut als andere?
5   Ich würde [gern] in einem erstklassigen Hotel bleiben.

54

Give the English meaning of the following words:

1   die Kälte
2   das Gesagte
3   der Nichtversicherte
4   die Mitumziehende
5   verträglich
6   vertraglich
7   die Mutterschaft
8   planmäßig
9   das Universitätswesen
10   entfärben
11   testbar
12   unschön
13   deutschfeindlich
14   kreditlos
15   kreditarm
16   ideenreich
17   hochverdient
18   das Nebenprodukt
19   die Machbarkeit
20   ein durchgehender Zug

55

Give the meaning of the following compound nouns:

1   die Verkehrsstatistik
2   die Tiefenpsychologie
3   das Wachstumspotential
4   das Wachstumshindernis
5   die Studentenbetreuung
6   die Gästebetreuung
7   der Motorenhersteller
8   die Werbekampagne
9   der Größenunterschied
10   die Unternehmensleitung

56 Put the following together to form a compound word, supplying the appropriate linking letter(s):

1 Drehmaschine + Hersteller
2 Herstellung + Technik
3 Arbeit + Tisch
4 Arbeit + Zimmer
5 Alltag + Leben
6 Küche + Fenster
7 Häufigkeit + Kurve
8 Straße + Kreuzung
9 Geburtstag + Geschenk
10 Wohnung + Bau
11 Wohnung + Not
12 Regierung + Krise

57 Supply the appropriate form of the infinitive with **zu** for the verb in brackets:

1 Es ist wichtig, rechtzeitig [ankommen].
2 Ich habe vor, ihn [verwöhnen].
3 Es ist schwierig, diese Frage kurz [beantworten].
4 Ich habe versucht, ihn [ermutigen].
5 Er beabsichtigt, den Vertrag heute [abschließen].
6 Versuchen wir, unser Geld [zusammenlegen].
7 Hören Sie auf, mir [widersprechen]!
8 Es ist nicht schwierig, dieses Gesetz [umgehen].
9 Es ist wichtig, nicht [verschlafen].
10 Er hatte immer die Absicht, ein paar Worte [hinzufügen].

58 Formulate the following in a more informal style:

1 Ich habe die Buchung vorgenommen.
2 Das Reisebüro hat die Flugbuchung vorgenommen.
3 Wir müssen die Vorbereitungen treffen.
4 Ich brauche etwas mehr Zeit, um die Auswahl zu treffen.
5 Diese Gesellschaft dient der Pflegung kultureller Beziehungen zwischen Ost und West.
6 Ich kenne ihn nicht.
7 Das weiß ich nicht.
8 Das habe ich noch nicht getan.
9 Das Geld ist endlich nach all diesen langen Telefonaten durchgekommen.
10 Weißt du, daß sie gleich am nächsten Tag mit seinem ganzen Geld und der Stereoanlage ausgezogen ist?

59 Give the proposed new spelling for the following:

1 daß
2 wieviel
3 Erste Hilfe
4 Paket
5 gestern vormittag

6   Theater
7   staubsaugen
8   im großen und ganzen
9   irgendjemand
10   Fluß

60   Write out the following passage from a newspaper report, with the correct punctuation and with capitals for the nouns:

minister ermuntert forscher zum austausch:
die innovationsschwäche der deutschen industrie beruht nach überzeugung des baden-württembergischen wissenschaftsministers klaus von trotha überwiegend auf kommunikationsproblemen der transfer von wissen und technologie aus den forschungseinrichtungen in die unternehmen sei weniger eine frage des geldes als vielmehr einer effizienten information koordination und organisation sagte von trotha bei der vorlage des landesforschungsberichts 1995 vor medienvertretern bemängelte der minister sowohl die kommunikation der wissenschaftler untereinander als auch zwischen wissenschaft und wirtschaft lasse zu wünschen übrig in diesem zusammenhang verwies er auf einen namentlich nicht genannten spitzenforscher der auf die frage nach dem wichtigsten buch in seiner bibliothek geantwortet habe das telefonbuch

2 Functions

This section provides exercises on particular functions and small groups of functions. Most of them are based on one of two settings explained below. It is a good idea to read through the relevant parts of *Modern German Grammar* before attempting these exercises.

There are three basic types of exercise:

- **Übernehmen Sie die Rolle von …** This is a role-play exercise in which you have to render the English sentence in German. You need to take care to phrase your answer as if you were the person indicated by the cue.
- **Füllen Sie die Lücken mit dem passenden Ausdruck** This is a gap-filling exercise in which you have to supply the appropriate German word or words. Occasionally, English expressions are given in brackets, and these have to be rendered in German.
- **Was paßt zusammen?** These are exercises on register in which utterance and situation or utterance and speaker need to be matched.

SETTING A

Zwei Studenten der Germanistik an der University of Manchester sind nach Freiburg gefahren, um zwei Semester an der dortigen Universität zu studieren. Die Hauptpersonen sind:

- Clare Mountford, 20 Jahre alt. Kommt aus Sheffield. Studiert Germanistik und Wirtschaftswissenschaften. Wohnt im Studentenwohnheim.
- Simon Richards, 21 Jahre alt. Kommt aus London. Studiert Germanistik und Mathematik. Hat keinen Platz im Wohnheim, muß also privat wohnen. Sucht zur Zeit ein Zimmer.
- Rudi Weigert, 23 Jahre alt. Kommt aus Neuss. Studiert Medizin. Wohnt auf dem gleichen Stockwerk wie Clare.
- Thomas Weigert, 14 Jahre alt. Jüngerer Bruder von Rudi.
- Katrin, 21 Jahre alt. Kommt aus Augsburg. Studiert Mathematik und Informatik. Wohnt auf dem gleichen Stockwerk wie Clare.
- Ahmed, 27 Jahre alt. Kommt aus der Türkei. Studiert Wirtschaftswissenschaften. Wohnt in einer Wohngemeinschaft (WG) mit Gabi.
- Gabi, 24 Jahre alt. Kommt aus dem Münstertal in der Nähe von Freiburg. Studiert Geschichte. Wohnt in einer WG mit Ahmed.

SETTING B

Lewis Chemicals Ltd., Abingdon, hat die Exklusivrechte für Marketing, Verkauf und Verteilung von 'SuperBond', einem neuen industriellen Klebstoff, der von der kleinen deutschen Firma PZ-Chemikalien GmbH, Mainz, entwickelt wird. Das neue Produkt soll 'A1' ersetzen, das bisherige Spitzenprodukt der Firma PZ. Die Hauptpersonen sind:

- Edward Lorimer, 40, Sales Manager, Lewis Chemicals.
- Sonya Walsh, 28, his Personal Assistant.
- Marita Heck, 48, Geschäftsführerin, PZ-Chemikalien.
- Hans Schneider, 43, Verkaufsleiter, PZ.
- Rudolf Werner, 50, Produktionsleiter, PZ.
- Antje Dietz, 31, Sachbearbeiterin für Ein- und Verkauf, PZ.

SOCIAL CONTACT

Greeting, making introductions, taking leave

1

Rudi trifft Simon vor der Universität. Simon hat seine neue Freundin dabei. Übernehmen Sie die Rolle von Simon und seiner Freundin.

RUDI:	Hallo, Simon. Gut, daß ich dich mal wieder treffe. Wie geht's denn?
SIMON:	(*Greet him as a friend. Say you are OK but a bit tired because you've just come back from a weekend at home in England.*)
RUDI:	Ach so! Aber wie ich sehe, hast du eine neue Bekannte. Ist sie Britin?
SIMON:	(*Introduce Charlotte to Rudi. Say she is Scottish and only arrived from London last week, she will stay for the semester.*)
RUDI:	Herzlich willkommen, Charlotte. Sprichst du Deutsch?
CHARLOTTE:	(*Greet Rudi. Say that you speak some German. Say you heard that he was in Aberdeen last Easter. Ask him whether this was his first visit and whether he was well received there.*)
RUDI:	Ich war schon einmal als Kind dort. Die Leute dort sind alle sehr gastfreundlich. Da möchte ich gerne mal längere Zeit arbeiten. Habt ihr heute abend Zeit, im 'Löwen' ein Bier zusammen zu trinken? Dann kann ich euch die Fotos von Nessie zeigen.
CHARLOTTE AND SIMON:	(*Say that you would like to do this.*)
SIMON:	(*Ask Rudi to pass on his regards to Ahmed, say that you hope he is also coming tonight.*)
RUDI:	Ja, mach ich gern. Bis später dann.
SIMON:	(*Make sure 8 pm is all right.*)
RUDI:	Ja, gegen 8 also. Tschüß.
CHARLOTTE AND SIMON:	(*Take leave as friends.*)

2

Phil hat ein Interview bei der Firma PZ, denn er möchte gerne ein Praktikum dort machen. Wie höflich sollte er in dem Gespräch sein?

1 (a) Wie geht's dir?
   (b) Wie geht es Ihnen?
   (c) Wie geht's denn so?
2 (a) He, paß doch auf.
   (b) He, Sie da!
   (c) Vorsicht; passen Sie auf!

3 (a) Was?
   (b) Wie bitte?
   (c) Wie war das?
4 (a) Tschüß!
   (b) Auf Wiedersehen!
   (c) Bis dann!

3 Was paßt zusammen?

1 Wie schreibt man Ihren Namen, bitte?
2 Danke für Ihren Anruf.
3 Wir fahren morgen nach Paris.
4 Es ist schon spät.
5 Wie heißen Sie bitte?

(a) Wir müssen jetzt wirklich gehen.
(b) Auf Wiederhören.
(c) Schäfer, das ist Siegfried, Cäser, Heinrich, ä, Friedrich, Emil, Richard.
(d) Mein Name ist Franz.
(e) Gute Reise dann.

Eating and drinking

4 Rudi, Ahmed, Charlotte und Simon sind im 'Löwen'. Sie überlegen, wo sie sitzen und was sie bestellen wollen. Übernehmen Sie ihre Rollen.

CHARLOTTE: (*Asks Rudi whether there is a no smoking area.*)
RUDI: (*Yes, over there in the corner or does she want to sit outside?*)
CHARLOTTE: (*Prefers to sit inside, she has seen a free table at the window.*)
AHMED: (*Suggests they should sit there.*)

Alle setzen sich an den Tisch.

RUDI: (*Says he is also hungry; wants to order* **Wurstplatte** *and a beer.*)
AHMED: (*Finds it a good idea to have something to eat as well but wants a drink without alcohol, maybe a coke. Asks Rudi to pass him the menu.*)
CHARLOTTE: (*Says they have already eaten but would like to have an ice-cream. Asks Ahmed to pass the menu to find out what flavours they have.*)
SIMON: (*Is terribly thirsty and needs a cool beer; is also still hungry and asks Rudi to explain what* **Maultaschen** *is.*)
RUDI: (*It is filled pasta, they saw them uncooked when they went by the butcher's shop on the way to the 'Löwen'.*)
SIMON: (*In that case prefers a simple* **Schinkenbrot.**)

5 Sagen Sie, was Sie gerne mögen und was nicht. Füllen Sie den passenden Ausdruck in die Lücke.

1 Ich esse _____ Pizza.
2 Im Sommer essen wir _____ Salat _____ Gemüse. (*like more than*)
3 Bratwurst _____ Rudi _____ .
4 Die Freunde trinken immer _____ ein Bier zusammen.

5 Mir schmeckt der Apfelkuchen besonders _____.
6 Diesen leckeren Käse mußt du mal _____.
7 Bratkartoffeln _____ ich gar nicht.
8 Rheinwein _____ uns am besten.

Beispiel:
1 **Ich esse** *gerne* **Pizza.**

Giving and receiving compliments

Phil geht heute abend zum ersten Mal mit seiner neuen deutschen Freundin aus. Er macht eine Liste mit Komplimenten. Das möchte er ihr vielleicht sagen:

1 Your new skirt is brilliant.
2 I like your make-up.
3 I find your hair very elegant.
4 Your flat is very cosy.
5 You really play the piano well.
6 That was a superb performance.
7 You speak English very well.
8 This cake is delicious.

Die deutsche Freundin freut sich über Phils Komplimente. Finden Sie mindestens drei Antworten, die sie ihm geben kann.

Expressing commiseration

Rudi hat eine Prüfung in Englisch gehabt, aber er glaubt, daß sie nicht gut gelaufen ist. Er trifft Phil, der ihn tröstet.

Was paßt hier? Wählen Sie den passenden Ausdruck.

1 _____ _____ _____ leid, daß die Prüfung nicht gut gelaufen ist.
2 _____ (poor) Rudi, so ein _____!
3 Ich habe wirklich _____ für deine Probleme bei der Prüfung.
4 Letzten Montag hatte ich auch eine schwierige Prüfung. Ich kann dir _____, wie schlecht du dich fühlst.
5 Aber vielleicht ist es doch gar nicht so _____ wie du meinst.
6 Zum _____ kann ich dir sagen, daß die meisten Studenten einmal solche Probleme haben.

Expressing good wishes

Hier sind einige Situationen. Welche guten Wünsche passen dazu?

1 Geburtstag
2 Ahmed ist krank
3 Charlotte hat eine Prüfung
4 Simon hat eine neue Wohnung

5 Sabine hat eine Flasche Sekt aufgemacht
6 es ist der 31.12., Mitternacht
7 die Kinder gehen ins Bett
8 Katrin hat ein Baby bekommen

Giving and receiving thanks, expressing appreciation

10 Wo sagt man das? Finden Sie die Situationen (a)–(i), die zu den Aussagen 1–9 passen.

1 Wir danken Euch sehr für die Einladung.
2 Hiermit bestätigen wir dankend den Erhalt Ihres Briefes.
3 Ich weiß gar nicht, wie ich Ihnen danken soll.
4 Das ist sehr lieb von dir, daß du heute abend zum Babysitten kommen willst.
5 Auch im Namen meines Mannes möchte ich Ihnen für Ihre Unterstützung danken.
6 Sie haben uns einen großen Dienst erwiesen.
7 Die Kollegen wissen Ihre Arbeit durchaus zu schätzen.
8 In Anerkennung Ihrer langjährigen Dienste für unsere Firma möchten wir Ihnen ein Geschenk zukommen lassen.
9 Hiermit möchten wir uns für die Zusendung Ihres Prospektes bedanken.

(a) in a letter from one company to another
(b) in a speech for a retiring colleague
(c) official confirmation of receipt
(d) thank you for invitation among friends
(e) thank you for overwhelming support
(f) in a formal speech for a successful colleague
(g) in a formal thank you letter
(h) thank you from adult to teenager
(i) more formal spoken thank you, probably at the work place

11 Rudi hat Simon bei seinem Einzug (*moving in*) in seine neue Wohnung geholfen. Übernehmen Sie die Rolle von Simon.

RUDI: Uff, das wäre geschafft. Haben wir alles?
SIMON: (*Thank him for helping you. Say you think that is all.*)
RUDI: Gern geschehen. Soll ich morgen nochmal vorbeikommen?
SIMON: (*Decline the offer but thank him anyway. Say how much you appreciated his help today.*)
RUDI: Das war doch nicht der Rede wert. Tschüß dann, bis demnächst!

Expressing apologies and regret

12 Gabi hat zu einer Grillparty eingeladen, aber keiner kann kommen. Was haben die Gäste am Telephon zur Entschuldigung gesagt? – Füllen Sie den passenden Ausdruck in die Lücken.

RUDI: ..., daß ich nicht kommen kann, aber meine Mutter will mich heute besuchen.
SABINE: ..., aber ich bin heute so müde und möchte schlafen.
CLARE: ..., ich kann leider nicht kommen, denn ich muß heute abend noch ein Referat zu Ende schreiben.

CHARLOTTE: Kannst du uns noch einmal . . ., aber wir haben den Termin vergessen, und etwas anderes geplant.

SIMON: Bitte hab . . ., aber mein zukünftiger Chef hat mich heute abend auch eingeladen.

und Katrin schreibt:

. . . kann ich heute abend nicht kommen. Ich habe nämlich eine Karte für die Oper.

GIVING AND SEEKING FACTUAL INFORMATION

Talking and enquiring about existence

13 Was paßt hier? Füllen Sie den passenden Ausdruck in die Lücke.

1 Wer _____ da?
2 Ich _____.
3 Ist hier im Saal ein Rotkreuzhelfer _____/_____ _____?
4 Nach dem Unfall war sofort die Polizei _____ _____.
5 Bitte unterschreiben Sie das in (_____) _____/_____ _____ eines Juristen. [in the presence of]
6 Wo _____ _____ hier einen Wasserfall _____ sehen?
7 Warst du _____, als die Mauer abgerissen wurde?
8 Es kann _____, daß nicht genügend Stühle da sind.
9 Das _____ von Naturgas unter der Nordsee muß festgestellt werden.
10 Der Kundendienst _____ _____ in der ersten Etage.
11 Die Preisliste _____ im Anhang _____ finden.
12 Der _____ dieser Handtasche ist uns nicht bekannt. [person who found]
13 Könnten Sie mich bitte _____ Klavier _____? [accompany]
14 Ich möchte nicht alleine gehen. Kommst du _____ _____ zum Friseur?

Talking and enquiring about absence and non-existence

14 Was paßt hier? Füllen Sie den passenden Ausdruck in die Lücke.

1 Der Abteilungsleiter _____ heute leider _____ _____. [isn't here]
2 Hier _____ eine Gabel!
3 Er _____ seine Katze.
4 Mein Geld reicht nicht. Das Buch kostet 50 DM. _____ _____ noch 30 DM.
5 Wir sind zu spät gekommen und haben den Zug _____.
6 In dieser Stadt mangelt es _____ guten Weinstuben.
7 Wir können uns das nicht leisten. Wir sind _____ bei Kasse.
8 Der Knopf an meinem Hemd ist _____/_____.
9 Die Alte Oper steht nicht mehr, sie wurde _____. [torn down]
10 Polio ist noch nicht ganz _____. [eradicated]
11 Mein Nachbar wohnt nicht mehr hier. Er ist _____. [moved]
12 Sie lebt nicht mehr mit ihrem Mann zusammen. Sie hat ihn _____.
13 Der Zucker ist _____. (*informal*)
14 Dem Patienten geht es besser. Er ist fast beschwerde _____.
15 Ich brauche dein Geld nicht. Ich kann darauf _____.

16   Er sagte nichts, er _____.
17   Der Solist ist erkrankt. Das Konzert muß leider _____/_____ _____.

Expressing and enquiring about availability

15   Was paßt hier? Füllen Sie den passenden Ausdruck in die Lücke:

1   Sie können meinen Wagen gern haben. Ich _____ ihn _____ gern. [lend]
2   Das Ausstellungsstück wurde uns von einer Firma zur Verfügung _____.
3   Bitte bedienen Sie sich. Die Büromaschinen _____ _____ ganz zur Verfügung.
4   Ich muß nachsehen, ob wir noch Batterien _____/_____ haben.
5   Das Öl wird teurer. Wir müssen _____/_____ bestellen.
6   Haben Sie zufällig ein Handy _____ _____/_____/_____?
7   Können Sie mir sagen, wie man an diese Aktien _____?
8   Sie hat es _____, einen Tag länger Urlaub zu bekommen. [managed]
9   Briefmarken sind auf der Post _____/_____ _____/_____ _____.
10 Sie können die Kleider auch per Katalog _____/_____/_____.
11 Kann ich kurz deinen Kuli _____?
12 Wir wollen das Haus nicht kaufen, sondern nur auf ein paar Monate _____.
13 Morgen muß ich nicht arbeiten. Ich habe _____/_____. Da können wir wegfahren.
14 Die Wurst muß gegessen werden. Sie ist nur noch zwei Tage _____. [keep]

Talking about non-availability

16   Was paßt hier? Füllen Sie den passenden Ausdruck in die Lücke.

1   Ich brauche das Buch jetzt wieder. Sie können es nicht mehr _____/_____/_____.
2   Die Schlüssel sind mir _____ gekommen.
3   Er hat kein Geld mehr. Er hat alles _____/_____.
4   Die Flasche ist leer. Jemand hat sie _____.

17   Wie heißt das Gegenteil der kursiv gedruckten Ausdrücke?

1   Die Regentonne ist *voll.*
2   Die Toilette ist *besetzt.*
3   Der Bus ist *schon weg.*
4   Für die Nachmittagsvorstellung sind *noch* Plätze *frei.*
5   Das Gemälde ist *verkäuflich.*
6   Wir haben *noch* Badeanzüge *auf Lager.*
7   Die Dame ist *verheiratet.*
8   Von dem neuen Bestsellerroman sind *noch* Exemplare *zu haben.*

18   Erklären Sie, warum jemand keine Zeit hat.

1   Explain he is busy with the report.
2   Say she has three children. She is very busy.
3   Say the manager is on the phone at the moment.
4   Say the owner is out.
5   He has gone to the pub with his colleagues.

19 **Gespräch im Buchladen**

Thomas will seine Bücher für das neue Schuljahr besorgen.

Was paßt hier? Füllen Sie den passenden Ausdruck aus dem Kasten unten in die Lücke.

THOMAS:	Bitte, wo _____ sich die Schulbuchabteilung?
VERKÄUFER:	Die Schulbuchabteilung _____ in der zweiten Etage.
THOMAS:	Guten Tag, kann ich bitte mit Herrn Wagner sprechen?
BUCHHÄNDLERIN:	Tut mir leid, Herr Wagner _____ _____ _____. Kann ich Ihnen helfen?
THOMAS:	Ja, ich möchte ein paar Bücher für das achte Schuljahr _____.
BUCHHÄNDLERIN:	Ja, welche Titel _____ Sie?
THOMAS:	Einen Diercke Schulatlas.
BUCHHÄNDLERIN:	Ja, den haben wir _____ _____. Was sonst noch?
THOMAS:	Das Westermann – Mathematikbuch für die achte Klasse, bitte.
BUCHHÄNDLERIN:	Tut mir leid, das ist nicht mehr _____.
THOMAS:	_____. Dann brauche ich noch das Grammatikbuch für die neue Ausgabe von *Learning English 2A*.
BUCHHÄNDLERIN:	Tut mir leid, die Grammatikbücher sind alle _____.
THOMAS:	Also gut. Dann bitte das neue Geschichtsbuch von Schöningh.
BUCHHÄNDLERIN:	Das Geschichtsbuch ist schon längst _____.
THOMAS:	Das ist mir ja noch nie _____, daß die meisten Bücher _____ waren.
BUCHHÄNDLERIN:	Entschuldigung. Aber das neue Schuljahr hat schon begonnen, da kann es ja _____, daß nicht mehr alle Bücher _____ sind.
THOMAS:	Wo könnte ich die Bücher denn sonst noch _____? Kann man sie denn nicht über den Großhandel _____?
BUCHHÄNDLERIN:	Tut mir leid, sie sind nirgendwo mehr _____.
THOMAS:	Wenn man die Bücher schon nicht kaufen kann, kann man sie dann wenigstens _____?
BUCHHÄNDLERIN:	Das kann ich Ihnen nicht sagen. Fragen sie doch mal in der Bibliothek.
THOMAS:	Gut. Dann nehme ich jetzt den Atlas mit.
BUCHHÄNDLERIN:	Das macht 24 DM.
THOMAS:	Kann ich bitte Kredit bekommen? Ich habe alles Bargeld _____ und bin im Moment knapp _____ _____.
BUCHHÄNDLERIN:	Also junger Mann,…..

beziehen	ist nicht da	brauchen	vorrätig	erhältlich	vorkommen
auf Lager	vorrätig	ausverkauft	vergriffen	bei Kasse	
ist	passiert	befindet	bestellen	bekommen	schade	leihen
ausgegeben	weg				

Identifying and seeking identification

20 Simon war in Luzern. An der deutsch-schweizerischen Grenze hält ihn ein Grenzbeamter an. Dieser möchte vieles wissen. Stellen Sie die Fragen des Grenzbeamten:

1 where his main residence is
2 what colour his eyes are
3 his telephone number
4 whether he is from a country in the EU

5 how tall he is
6 whether he has children
7 where he has got the white powder (**-s Pulver**) from

21 Bitte formulieren Sie die Antworten, die Simon dem Grenzbeamten gibt.

1 Freiburg/studiert da
2 dunkelbraun
3 hat kein Telefon
4 Großbritannien
5 1,78 m
6 keine
7 Drogerie/für seine wunden Füße

Describing people

22 Füllen Sie den passenden Ausdruck in die Lücke.

1 Bitte _____ Sie den kleinen Jungen. [describe]
2 Welche _____ sind Ihnen aufgefallen? [(*physical*) characteristics]
3 Wir haben alle unsre _____ und _____. [strengths; weaknesses]
4 Der neue Zahnarzt ist ihm _____. [not very likeable]
5 Er raucht _____. [likes to]
6 Sie _____ ihre Romane vor dem Frühstück zu schreiben. [used to]
7 Können Sie _____? [speak/understand German?]
8 Meine Tochter spielt _____. [the piano]
9 Mein Onkel hat eine seltene dichterische _____. [gift/talent]
10 Die _____ Kandidaten werden geprüft. [highly talented]
11 Heute abend bin ich nicht besonders _____ _____. [in a good mood]
12 Ich war von der Disziplin in der Klasse sehr _____. [impressed]

23 Wie sagt man das?

1 Say that his sister is a waitress.
2 Say that your brother is a carpenter by profession.
3 Say that your niece is working as a consultant in a company.
4 Say that most of you work as part-timers.
5 Say that the firemen can be recognized by their uniform.
6 Say that he is an experienced pilot.

24 Wie sagt man das?

1 Say that they've known each other since they were at school.
2 Find out how your friend met his fiancée.
3 Say that you and your brother were good friends before you opened the business together.
4 Mention that all her former fellow students came to the opening of the new building.

---

25 — Was paßt hier? Füllen Sie den passenden Ausdruck in die Lücke.

1 Es war ihnen nicht bewußt, daß sie miteinander _____ waren. [related]
2 Meine Großeltern haben _____ im Zug _____. [got to know each other/met]
3 Seine _____ ist eine charmante junge Dame. [stepdaughter]
4 Ihre Eltern sind seit drei Jahren _____. [divorced]
5 Er hat ein enges _____ _____ seiner Sekretärin. [relationship to/with]
6 Wir haben uns im Kino _____. [met]
7 Sollen wir uns zum Kaffee _____? [make a date/arrange a meeting]
8 Er _____ Martin auf der Automobilausstellung _____. [bumped into]

26 — Wie sagt man das?

1 Say your (female) boss looks very slim in this outfit.
2 Point out that Ulla takes care of her outward appearance.
3 Mention that your brother looks like a film star.
4 Compliment your cousin by saying that her red jumper suits her very well.
5 Say that you can tell from your friend's clothes that she has been out all night.

Describing objects

27 — Was paßt hier? Füllen Sie den passenden Ausdruck in die Lücke.

1 Eine Linie _____ zwei Punkte. [connects]
2 In diesem Kapitel werden verschiedene _____ _____ beschrieben. [geometrical forms]
3 Sie ist nur 1,51 m _____.
4 Die Eiswürfel waren fast _____ groß _____ Walnüsse.
5 Mein neues Büro hat 100 _____meter.
6 Der Fernsehturm ist fast 300 Meter _____.
7 Der Schuh _____ mir ausgezeichnet. [fits]
8 Alle Kostüme mußten _____ werden, damit sie der neuen Solistin passen.
9 Der Koffer sollte nicht mehr als 20 kg _____. [weigh]
10 Nach dem Sturm waren die Pflanzen in einem schlimmen _____. [condition]

Describing actions and processes

28 — Was paßt hier? Füllen Sie den passenden Ausdruck in die Lücke.

1 Was soll ich _____, damit die Alarmanlage nicht Losgeht?
2 Klaus soll heute Frühstück _____. [make]
3 Sie hat mich geschimpft, obwohl ich nichts Böses _____ hatte.
4 Hoffentlich ist ihm nichts _____.

29 — Wie könnte man das anders sagen? Ersetzen Sie die kursiv gedruckten Wörter.

1 Das Diktiergerät *funktioniert*.
2 Bitte *beginnen* Sie mit dem Test.
3 Wie *macht* man die Hifi-Anlage *an*?
4 Die Parkanlage soll *größer gemacht* werden.

5 Du kannst den Rasensprenger jetzt *ausmachen.*
6 Das Projekt ist jetzt *abgeschlossen.*
7 Bitte *sagen* Sie das *noch einmal.*

Beispiel:
1 **Das Diktiergerät *geht.***

30

Clare erklärt Katrin, wie man in der Mikrowelle ein Ei kocht. Was paßt hier? Füllen Sie den passenden Ausdruck in die Lücke. Die englischen Ausdrücke in Klammern helfen Ihnen dabei.

_____ (*First*) muß man die Mikrowelle _____ (*switch on*), _____ (*then*) muß man das Ei aufschlagen und in ein Gefäß _____ (*put*). _____ (*Then*) gibt man einen Eßlöffel Wasser _____ (*to it*). _____ (*Afterwards*) muß man das Eigelb aufstechen, Salz _____ (*add*) und das ganze _____ (*cover*). _____ (*Afterwards*) _____ (*set*) man die Mikrowelle auf 'Auftauen' und kocht das ganze etwa eine Minute _____ (*for a minute*), _____ (*until*) das Eiweiß fest ist. Anschließend _____ (*take*) man das Ei _____ (*from*) der Mikrowelle und läßt es ein bis zwei Minuten _____ (*stand*), _____ (*until*) man es essen kann.

danach	anstellen	geben	dazu	zudecken	lang	bis
zuerst	nimmt	aus	dann	danach	bevor	hinzufügen
stellt	dann	stehen				

31

Wohnzimmerteppich
Frau Weigert will sich einen Teppich für das Wohnzimmer kaufen. Was paßt hier? Füllen Sie den passenden Ausdruck aus dem Kasten in die Lücke.

FRAU WEIGERT: Guten Tag, ich suche einen Teppich für mein Wohnzimmer.
VERKÄUFER: Wie _____ ist denn das Zimmer?
FRAU WEIGERT: _____ 4 _____ 5 Meter.
VERKÄUFER: Mm, also etwa 20 _____. Und suchen Sie eine Auslegeware oder einen Perser?
FRAU WEIGERT: Eine Auslegeware.
VERKÄUFER: Welche _____ suchen Sie denn?
FRAU WEIGERT: Ich suche etwas aus Wolle und Polyester. Mit einem hohen _____ an Wolle.
VERKÄUFER: Ja, diese hier sind von erster _____. Und an welche Farben hatten Sie gedacht?
FRAU WEIGERT: Ich weiß es nicht. Was können Sie empfehlen? Er soll zu meinen Vorhängen und dem Sofa _____.
VERKÄUFER: Sind die Vorhänge und das Sofa _____?
FRAU WEIGERT: Ja, die Vorhänge sind geblümt, aber das Sofa ist _____.
VERKÄUFER: Dann vielleicht dieser beige. Das ist eine neutrale Farbe und paßt _____

_____.
FRAU WEIGERT: Gut. Bis wann können Sie den Teppich liefern und auslegen?
VERKÄUFER: Ich müßte das Zimmer erst _____, dann _____ es etwa zwei bis drei Wochen, bis wir mit dem Auslegen _____ können.
FRAU WEIGERT: Gut, dann kommen Sie doch bitte gleich morgen.

etwa/ungefähr		anfangen/beginnen		Anteil	einfarbig	groß
mal	Qualität	gemustert	Quadratmeter	zu allem	Güte
ausmessen	passen				

Avoiding describing the agent of actions and processes

32 Wie kann man das anders sagen?

1 Mir wurde die falsche Rechnung geschickt. (*use* **man**)
2 Diese Tür kann man nicht abschließen. (*use* **lassen**)
3 Die roten Beeren sind nicht eßbar. (*use* **man** + **können**)
4 Man mußte waschen und putzen. (*use* **es** + **werden**)
5 Die Briefe müssen abgeschickt werden. (*use* **sein** *and* **zu**)

33 **Zelten**
Klaus, Martin und ein paar Freunde haben gezeltet. Vor der Abfahrt gibt es noch viel zu tun. Klaus sagt den anderen, was noch getan werden muß. Er vermeidet zu sagen, wer die einzelnen Dinge macht. Finden Sie soviele Alternativen wie möglich.

1 der Campingplatz [bezahlen]
2 die Waschbecken [säubern]
3 das Zelt [ausfegen]
4 das Zelt [abbauen]
5 der Abfall [wegbringen]
6 das Geschirr [spülen]
7 die Koffer [packen]
8 die Schlafsäcke [aufrollen]
9 die nassen Sachen in Plastikbeutel [stecken]

Beispiel:
1 **Der Campingplatz ist zu bezahlen/muß bezahlt werden. Jemand muß den Campingplatz bezahlen.**

Describing origins and provenance

34 Wie sagt man das?

1 Say that the place of origin of the ring cannot be ascertained. (**-r Herkunftsort**)
2 Find out where the starting point of the car rally (**-e Autorally**) was.
3 Confirm that the footpath originally went along the river.
4 Say that the mountain originated before the ice-age.
5 Mention that the president was of Irish descent.
6 Say that the village was probably founded by Ruzilo.
7 Establish whether the shop was bought or inherited.
8 Say that the lyrics (**die Verse,** pl.) for the folk-song probably came from Heine.
9 Say that the author has sold the copyright.

35

Martin und Sabine sind auf dem Flohmarkt.

Sabine sucht etwas sehr Ausgefallenes (*something special/ exceptional*) und will so viel wie möglich über die Waren herausfinden. Übernehmen Sie die Rolle von Sabine und fragen Sie so, daß Sie die folgenden Antworten erhalten:

1   Der Kupferkessel kommt aus der Türkei.
2   Das Ölgemälde ist aus dem 18. Jahrhundert.
3   Das Täßchen wurde in einer Berliner Manufaktur hergestellt.
4   Ich habe die alten Münzen von meinem Großvater geerbt.
5   Dieser Helm stammt von einem alten preußischen Polizisten.

PUTTING EVENTS INTO A WIDER CONTEXT

Giving reasons and purpose

Was paßt hier? Füllen Sie den passenden Ausdruck in die Lücke.

weil	da	nämlich	deshalb	damit	um zu

36   Reasons

1   Ich habe kein Geld mehr, _____/ _____ ich alles im Buchladen ausgegeben habe.
2   Er hat es mir aufgeschrieben, _____/ _____ ich ihn darum gebeten hatte.
3   Sie mußte schnell wegfahren. _____ konnte sie den Fernsehfilm nicht zu Ende sehen.
4   Ich habe die Zeitung abbestellt, _____/ _____ sie ja doch keiner gelesen hat.
5   Ich habe auch die Zeitschrift abbestellt. Es hat sie _____ noch nie jemand gelesen.

37   Purpose

1   Ich habe mir einen neuen Computer angeschafft, _____ ich die neuen Spiele ausprobieren kann.
2   Du mußt noch viele Fahrstunden nehmen, _____ du die Prüfung bestehst.
3   Wir haben die Geschenke im zollfreien Geschäft gekauft, _____ die Mehrwertsteuer _____ sparen.
4   Was kann man tun, _____ fit _____ bleiben?

Providing spatial context

38   Wie sagt man das?

1   Find out where your friend saw the cemetery.
2   Check in which countries you need a warning triangle. (**-s Warndreieck**)
3   Estimate that the distance from your bank to the supermarket is about 100 metres.
4   Find out how far Bremerhaven is from Bremen.
5   Ascertain how long it is by car from Leipzig to Frankfurt am Main.
6   Say that you can see the river Rhine from the castle over there.
7   Say that the other hikers had gone ahead.

8   Ask your friend where he has put your car-keys.
9   Ask your daughter to please come down and go across to the bank.
10 Check if the passengers are listed in alphabetical order.

Providing temporal context

39   Wie kann man das anders sagen? Formulieren Sie die kursiv gedruckten Satzteile um.

1   Wir haben *im Moment* leider kein Zimmer frei.
2   *Gegenwärtig* sind alle Schalter besetzt.
3   Sie haben ihn verpaßt. Er ist *eben* weggefahren.
4   Wissen Sie, was mir *neulich* passiert ist?
5   *Vorige* Woche haben die Mandelbäume geblüht.
6   Das Buch soll *in Kürze* erscheinen.
7   *In einer Woche* findet das Sportfest statt.
8   Das Geschäft ist nur *an Werktagen* geöffnet.

40   Wie heißt das Gegenteil?

1   Das Modell wird *noch nicht* hergestellt.
2   Er ist *viel zu spät* gekommen.
3   Wir spielen sonntags *immer* Skat.
4   *Vor* dem Essen wird gebetet.
5   Unsere Nachbarn fahren *selten* weg.
6   Das Telefongespräch kam *zur falschen* Zeit.

Talking about cause and effect

41   Wie sagt man das?

1   Say that if it rains the fireworks concert is cancelled.
2   Complain that in the evenings the later it gets, the noisier the music becomes.
3   Say that the lung cancer had been caused by smoking.
4   Say that the fine failed to have the desired effect.
5   Ask if watering the young plants will cause them to grow more quickly.
6   Express your regret that as a result of the rail strike the company has suffered great losses.
7   Confirm that the accident was found to have had a number of causes.
8   Say whether you can go camping depends on your boss.

Drawing conclusions

42   Was paßt hier? Füllen Sie den passenden Ausdruck aus dem Kasten in die Lücke.

deshalb	hervor	Befund	aus	also	Beweise

1   Er hat überhaupt keine _____ für seine Theorie.
2   _____ den gesammelten Daten geht _____, daß die Luftverschmutzung über dem

zulässigen Wert liegt.

3   Die klinische Untersuchung des Patienten ergab keinen _____.

4   Er hat dieses Jahr sehr wenig in der Schule gearbeitet. _____ muß er jetzt das Schuljahr wiederholen.

5   Sie wollen _____ das Haus doch nicht kaufen?

Referring to sources of information

43   Was paßt hier? Füllen Sie den passenden Ausdruck in die Lücke.

1   _____ der Allgemeinen Zeitung hat die Sonnenapotheke heute Nachtdienst.

2   Zeugenberichten _____ war das Kind zuletzt zur Mittagszeit gesehen worden.

3   Nach _____ meines Mandanten waren die Verluste nicht zu vermeiden.

4   Ich _____ aus dem Bundesgesetzbuch '. . .'.

5   Das _____ nicht im Text, das hast du erfunden.

6   Sein Kommentar bezieht _____ _____ Punkt 3 der Tagesordnung.

44   Sagen Sie, woher die Information kommt.

1   Say that according to the weather forecast it will be sunny at the weekend.

2   Insist that according to your dictionary the word is spelt with an 'h'.

3   Point out that that's what it says in Duden.

4   Say that the exact passage reads:

5   Mention that in his farewell letter to his wife the following (wording) is to be found:

6   Indicate that you are quoting from his article.

7   Refer to your last letter.

8   Say that with reference to the report you would like to assume the following:

9   Say that you and your colleagues base your conclusion on the above evidence.

10   Tell a friend not to keep invoking the ex-Prime Minister!

11   Establish from your opponent where she got this quote from.

Reporting other people's words and claims

45   Füllen Sie den passenden Ausdruck in die Lücke.

1   _____ _____, den größten Fisch aller Zeiten gefangen zu haben. [he claims]

2   _____ _____ sich nicht zu kennen. [they claim]

3   Der Einbruch _____ (_____) von Elfjährigen ausgeführt worden sein. [is (allegedly) supposed to]

4   _____ _____ _____ _____ _____, aber das Schwimmbad wird _____ geschlossen. [It is hard to believe; really]

5   Die Soldaten hatten _____ den Hilfstransport vorbeifahren lassen. [indeed]

6   _____ wollte er zu Hause bleiben und arbeiten. Aber die Einladung war doch zu verlockend, also ist er ausgegangen. [really]

7   Könnten Sie bitte den genauen Wortlaut _____? [repeat]

8   Kannst du ihnen _____, daß ich später komme? [give a message]

9   Können Sie sich bitte diese Nummer _____? [note/take down]

10   Hat der Arzt sich irgendwelche _____ über deine Beschwerden _____? [taken notes]

11   Der Tennisstar _____ zum vierten Mal heiraten. [is said to]

12 ____ ____ ____ ____, daß er im Lotto/in der Lotterie gewonnen hat. [word has spread]

13 ____ ____ ____ ____, daß der Manager gekündigt hat. [rumour has it]

14 ____ ____ ____ ____ ____, oder haben Sie mit ihr persönlich/direkt gesprochen? [do you know that from hearsay]

15 Ich habe ____ finanziell ____ ____. [taken advice]

16 ____ ____ ____, daß die Zinsen erhöht werden. [I have heard]

46 Sabine hat ein Gerücht gehört: Die Rolling Stones sollen in München auftreten. Natürlich ist das alles nicht ganz sicher:

> Ich habe neulich in der Disco gehört, daß die Rolling Stones vor oder nach ihren Konzerten auch in einem Club auftreten. In zwei Wochen kommen sie nach München ins Olympiastadion und haben am Abend vorher einen Auftritt im Parkcafé. Meine Freundin Rita sagt, daß sie Oldies singen werden, aber auch ein paar neue Songs darbieten. Otto meinte, daß man Karten bekommt, wenn man direkt zum Club hingeht. Die geben einem dann auch noch ein weiteres Erkennungszeichen. Schon viele Leute wissen davon, und wir müssen uns beeilen, wenn wir auch hin wollen.

Ahmed erzählt die Geschichte Gabi: Was sagt er ihr?

> Beispiel:
> **Nach dem, was Sabine in der Disco gehört hat, *sollen* die Rolling Stones vor oder nach ihren Konzerten auch in einem Club auftreten. Angeblich kommen/*kämen* . . .**

47 Das haben wir im Radio gehört. Benutzen Sie die Ausdrücke in Klammern und geben Sie die Quelle an:

1 Wetterbericht: Die nächsten Tage wird es heiß und schwül. [Nach Angaben . . .]
2 Bundeskanzler: Nach den Wahlen werden die Steuern gesenkt. [. . . zufolge . . .]
3 Wirtschaftsminister: Die Inflationsrate stieg im letzten Quartal um 3%. [Laut . . .]
4 Polizeichef: Es ist unwahrscheinlich, daß Autodiebstähle in nächster Zeit zurückgehen. [Nach Angaben]
5 auf dem Verkehrsschild: Man darf nicht mehr als 30 fahren. [. . . stand . . .]
6 Staatsanwalt: Das Unglück war unvermeidbar. [. . . zufolge . . .]
7 der Bankräuber: Er war zur Tatzeit überhaupt nicht am Tatort. [. . . behauptet . . .]
8 Die Demonstranten: Sie wurden von der Polizei angegriffen. [angeblich]

> Beispiel:
> 1 **Nach Angaben des Wetterberichts wird es die nächsten Tage heiß und schwül.**

Expressing necessity

48 Simon und Phil finden das Studentenleben in Freiburg schwierig, denn man muß vieles beachten und sie begegnen einer Menge 'dos and don'ts'. Wie kann man das alles weniger bürokratisch sagen?

1 Studenten haben den Sozialbeitrag bis zum 1. Oktober zu zahlen.
2 Im Studentenwohnheim ist das Rauchen verboten.
3 Nach 20.00 Uhr ist Besuch verboten.

4 Der Sprachkurs muß bestanden werden, bevor man mit dem Studium richtig anfangen
   darf.
5 Die britischen Studenten sind im Einwohnermeldeamt meldepflichtig.
6 In Deutschland ist ein Personalausweis oder Reisepaß immer mitzuführen.
7 Einstieg in den Bus nur vorne.
8 Zahlen beim Fahrer.
9 Auf dem Bürgersteig rechts halten – links nur für Radfahrer.
10 Einsteigen und Türen schließen!

   Beispiel:
   1 **Studenten müssen den Sozialbeitrag bis zum 1. Oktober zahlen.**

49

Wenn man einer Verpflichtung nicht nachkommt . . . Was paßt hier? Füllen Sie den passenden
Ausdruck aus dem Kasten unten in die Lücke.

1 Es ist _____, im Ort mehr als 50km/h zu fahren.
2 Wenn ein Schauspieler einfach die Truppe verläßt, wird er _____.
3 Es _____ _____ _____ _____, daß Sie mir von den Mängeln am Haus nichts gesagt haben.
4 Eltern _____ ihre Pflichten, wenn sie abends ausgehen, und ihre kleinen Kinder alleine
   lassen.
5 Der Fahrer war _____, als er den Lastwagen fuhr, obwohl er wußte, daß die Bremsen nicht
   in Ordnung waren.

vertragsbrüchig   verstößt gegen den Vertrag   pflichtvergessen/fahrlässig
verboten   verletzen

Expressing ability to do something

50

Rudi ruft Simon an, um mit ihm einen Termin auszumachen. Die beiden wollen zusammen für
eine Prüfung lernen. Was paßt in die Lücken?

RUDI: Hallo, Simon, bist du es? Ich wollte fragen, ob wir uns morgen nachmittag zum
       Lernen treffen _____. Hast du da Zeit?
SIMON: Ah Rudi, leider geht das nicht. Ich habe Grippe und bin _____, aufzustehen.
RUDI: Das tut mir leid. Bist du denn _____, dir etwas zu essen zu machen? Oder
       _____ ich dir helfen?
SIMON: Danke für dein Angebot, aber mein Zimmernachbar bringt mir manchmal
       etwas. Er ist zwar total _____ zu kochen, aber er kauft mir Obst und Sprudel.
       Aber stell dir vor, ich wollte zum Arzt, und die erklärten sich _____, mich vor
       übermorgen zu sehen.
RUDI: Du _____ mal meinen Hausarzt anrufen. Die sind dort sehr nett und man
       _____ am gleichen Tag kommen.
SIMON: _____ du mir bitte die Nummer geben?
RUDI: Ja, hier: 75378, Dr. Burger.
SIMON: Gut, ich habe sie. Jetzt gehe ich am besten zurück ins Bett. Ich hoffe bloß, ich
       bin bald _____, mit dem Lernen anzufangen, sonst wird es etwas spät.
RUDI: Ja, also ich rufe morgen wieder an. Gute Besserung einstweilen.
SIMON: Danke schön! Auf Wiederhören dann.

Conveying doubt and certainty

51

In London gibt es immer viele Gerüchte. Sagen Sie folgendes:

1 Interest rates are supposed to go up this week.
2 For some other banks the collapse of Bering's Bank must have come as a big shock.
3 Andrew Lloyd-Webber's latest musical is said to be a great success.
4 According to eye witness accounts, hundreds of London's pigeons died in the heat wave last summer.
5 Reliable sources claim that a royal wedding is to take place in a few months.
6 According to union reports another strike of Underground train drivers next Thursday is unlikely.
7 Going by what one hears the employment market must be much improved this year.
8 A Conservative Party source claimed that the next elections would not be held for another two years.

Expressing assumptions, discussing possibility, probability and conditions

52

Clare hat Heimweh. Wenn sie zu Hause in England wäre, wäre vieles einfacher. Was erzählt sie Ahmed?

1 In den Seminaren gibt es nicht so viele Studenten.
2 Man lebt nicht so anonym.
3 Man darf bei Rot über die Straße gehen.
4 Sie ißt dort fast jeden Tag Baked Beans.
5 Die Atmosphäre in den Wohnheimen ist besser.
6 Das Leben ist nicht so bürokratisch.
7 Sie kennt dort mehr Leute.
8 Ihre Eltern wohnen nicht so weit weg.

Beispiel:
1 *Wenn ich in England wäre, gäbe* es nicht so viele/weniger Studenten in den Seminaren.

TRANSACTIONS: GETTING THINGS DONE

Attracting attention

53

Wer sagt das? Finden Sie die richtigen Personen von (a)–(j)

1 Hilfe!
2 Darf ich Sie mal gerade stören?
3 Hallo, Sie da drüben!
4 Ja, bitte?
5 Nicht jetzt, bitte!
6 Womit kann ich Ihnen helfen?
7 Bei mir sind Sie da falsch.
8 Moment noch!

9   Ihr Wagen ist leider erst in einer Stunde fertig.
10 Wenn ich noch um ein paar Minuten Geduld bitten dürfte.

(a) Surly office clerk whom you are asking for help.
(b) Polite boss trying to talk to his secretary who is typing a letter.
(c) Someone in a dangerous situation.
(d) Someone wanting to alert somebody else urgently.
(e) Shop assistant to a customer.
(f) Busy professor to a student who has already stepped into his office.
(g) Someone responding to a knock at the door.
(h) Mechanic to customer enquiring when she can pick up her car.
(i) Busy father responding to his curious son.
(j) Conference organiser when the main speaker is late.

Helping and advising

54 Welche Antwort paßt? Finden Sie die richtige Antwort von (a)–(e)

1   Könnten Sie mir bitte den Koffer ins Gepäcknetz heben?
2   Dürfte ich Sie bitten, sich diesen Bericht mal kurz durchzusehen?
3   Würde es Ihnen etwas ausmachen, wenn ich heute nachmittag nur bis 15.00 arbeite und dafür morgen länger bleibe?
4   Ich dachte, ich käme heute nachmittag mal auf eine Tasse Kaffee bei Dir vorbei.
5   Wir suchen das Charlottenburger Schloß. Könnten Sie uns sagen, wie man da hinkommt?

(a) Heute paßt es mir leider gar nicht. Kannst du nicht morgen kommen?
(b) Es tut mir leid, aber ich habe selbst keine Ahnung, wo es ist.
(c) Im Moment bin ich leider mit einer Terminsache beschäftigt. Wäre Ihnen heute nachmittag noch recht?
(d) Aber selbstverständlich.
(e) Ja gut, aber es sollte nicht die Regel werden.

55 Wie kann man das noch höflicher sagen?

1   Bevor Sie diese Tabletten nehmen, sprechen Sie erstmal mit Ihrem Arzt.
2   Mein Rat ist: Halten Sie sich da raus.
3   Fragen Sie Ihre Frau, ob es ihr auch recht ist, morgen zu uns zu kommen.
4   Für Ihren Anbau brauchen Sie doch sicher eine Genehmigung.
5   Fliegen Sie doch.
6   Ich finde: Warte noch mit dem Autokauf.

Beispiel:
1   **Bevor Sie diese Tabletten nehmen, sollten Sie erstmal mit Ihrem Arzt sprechen.**

56 Hilfe und Unterstützung: Was paßt hier? Füllen Sie den passenden Ausdruck in die Lücken.

1   Alleinstehende Mütter, die kein Geld verdienen können, haben oft nur die _____ zum Leben. [income support]
2   Viele Entwicklungsländer brauchen _____, um eine eigene Wirtschaft aufbauen zu können.

3   Dieser Schüler war lange krank. Wir müssen jetzt _____, damit er den Stoff aufholen kann.
4   Er ist wegen _____ zum Mord angeklagt.
5   In Deutschland ist man verpflichtet, bei einem Unfall _____ _____ zu leisten.
6   Möglicherweise werden viele Landwirte in Zukunft nicht mehr von der EU _____.

Asking for something to be done

57

Herr Lorimer von Lewis Chemicals, Abingdon, ist zu Besuch bei PZ-Chemikalien GmbH in Mainz. Heute morgen ist er bei Antje Dietz, der Sachbearbeiterin. Er möchte sie bitten, einige Erledigungen für ihn zu machen und hat sich dazu eine Liste geschrieben.

(a) Was sagt er Frau Dietz?

1   phone BA to change the return flight to London
2   photocopy some advertising
3   send a fax to my firm
4   find me a room where I can prepare a meeting for later in the afternoon
5   reserve a table for four in the Schifferstuben for 12 o'clock
6   ask Hans Schneider whether he could provide more copies of the German advertising of Superbond.

(b) Herr Lorrimer macht diese Erledigungen also nicht selbst, er läßt sie machen. Wie sagt man das?

Beispiel:
1   **Er läßt Frau Dietz BA anrufen, um seinen Rückflug nach London zu ändern/umzubuchen.**

Expressing needs, wishes and desires

58

Rudi, Simon, Clare und Ahmed wollen zu Pfingsten zelten gehen (**das Zelt** – *tent*). Sie besprechen, auf deutsch, was sie alles mitnehmen möchten.

RUDI:	*(has tent which they could use but it is in need of repair)*
CLARE:	*(probably also needs water-proofing (**imprägnieren**))*
RUDI:	*(agrees, and the hooks (**-r Hering, -e**) need counting – enough?)*
AHMED:	*(asks what cooking facilities they will have)*
RUDI:	*(has a little gas stove which should be OK if they are not too demanding, anyway daily requirements for food need discussing)*
CLARE:	*(loves ham and eggs in the morning)*
AHMED:	*(would be desirable to keep the drinks cool)*
CLARE:	*(this is wishful thinking, they will only have enough space to keep the milk and meat chilled)*
RUDI:	*(asks whether anybody would like vegetarian food or has any other special requirements)*
AHMED:	*(wouldn't it be best to make a shopping list so that everyone could state their needs and desires)*

Expressing objections and complaints

59 Hier sind einige Beschwerden. Ordnen Sie sie von der höflichsten zur unhöflichsten.

1 Das ist aber eine Sauerei von Ihnen!
2 Hier kann wohl etwas nicht stimmen.
3 Das geht doch nicht, daß Sie so einfach ohne Einladung kommen!
4 Ich möchte mich über den Krach hier im Hotel beschweren!
5 Da haben Sie aber einen Riesenmist gebaut!
6 Unverschämtheit, Sie!

Giving and seeking promises and assurances

60 Hans Schneider, Verkaufsleiter bei PZ-Chemikalien, hat einige Bitten an Antje Dietz, die Sachbearbeiterin. Was antwortet sie ihm?

HERR SCHNEIDER: Frau Dietz, können Sie mir mal die Akten über Lewis Chemicals Ltd. raussuchen.
FRAU DIETZ: (1) (*Says that she'll get them immediately.*)
HERR SCHNEIDER: Aha, laut ihrem letzten Auftrag wollen sie nächste Woche eine größere Lieferung als normal. Würden Sie mal nachfragen, ob wir so viel produzieren können?
FRAU DIETZ: (2) (*Yes, of course.*)
HERR SCHNEIDER: Bitten Sie die Produktion, uns den Liefertermin zu geben.
FRAU DIETZ: (3) (*Suggests having production confirm the delivery date in writing.*)
HERR SCHNEIDER: Ja, gute Idee. Würden Sie mir bitte auch eine Liste mit allen bisherigen Bestellungen von Lewis Chemicals fertigmachen.
FRAU DIETZ: (4) (*Agrees to have it ready for him around 4 o'clock.*)
HERR SCHNEIDER: Gut, dann müssen wir noch eine letzte Sache klären, nämlich ...
FRAU DIETZ: (5) (*Interrupts him, says it's about the warranty.*)
HERR SCHNEIDER: Ja, genau! Was haben wir denn da zuletzt mit Lewis Chemicals vereinbart?

Issuing, accepting and declining invitations and offers

61 Welche Antwort (a)–(e) paßt zu welcher Einladung (1)–(5)?

1 Hiermit möchte ich Sie und Ihren Mann zur Feier meines 50. Geburtstags am 25. Mai um 11 Uhr ins Hotel Diel einladen.
2 Kommt doch heute abend auf ein Glas Wein bei uns vorbei.
3 Wir würden uns freuen, wenn Du mit Deinen Kindern nächsten Sonntag zum Kaffee zu uns kämst.
4 Am Samstag nachmittag machen wir bei mir zu Hause eine Disco. Kannst du auch kommen?
5 Zu unserem Polterabend am 15. August laden wir Euch herzlich ein.

(a) Ja, wir kommen gerne. Gegen halb vier vielleicht?
(b) Au ja! Prima!
(c) Wir können Ihre freundiche Einladung leider nicht annehmen, da wir zu dieser Zeit verreist sind.

(d) Ja, gerne, gegen 8 Uhr?

(e) Wir nehmen Eure Einladung zum Ende Eures Singledaseins gerne an.

62

Phil, ein englischer Freund von Simon, ist letzte Woche in eine kleine Wohnung eingezogen. Die Nachbarn dort sind sehr nett und bieten ihm an, ihm zu helfen. Wie sagt man das?

1 They want to know whether he has already heard of the special offer on weekends by the Deutsche Bundesbahn.
2 They ask him whether he wants Frau Meier, the neighbour, to keep a key to his flat just in case he locks himself out.
3 They enquire whether somebody should go shopping with him to show him the best shops.
4 They ask whether they should bring something from town.
5 They assure him that it doesn't bother them at all if he knocks at their door.
6 They assure him that they will help him if he has a problem with the authorities (**die Behörden**).

Seeking, granting and denying permission

63

Bitten Sie höflich! Füllen Sie die richtige Form in die Lücke.

1 _____ ich mal Ihr Telefon benutzen?
2 _____ _____, wenn ich die Miete erst nächste Woche zahlen würde?
3 _____ ich heute bitte mal dein Fahrrad nehmen?
4 _____ _____ dir etwas _____, das Radio leiser zu stellen?
5 _____ ich das Referat eventuell noch morgen abgeben?

Making, accepting and declining suggestions

64

Clare Mountford trifft die anderen Studenten auf dem Flur im Studentenwohnheim. Diese machen ihr Vorschläge:

Wie könnte man das anders sagen? Geben Sie beide Varianten:

Beispiel:
Variante 1: **Ich schlage vor, daß ...**
Variante 2: **Wie wäre es, wenn ...**

1 Es lohnt sich, in die Altstadt zu gehen, um die Straßenmusikanten zu hören.
2 Auf den Schauinsland kann man mit der Kabinenbahn fahren.
3 Die Konzerte im Münster sind sehr schön.
4 In der Altstadt gibt es viele Weinstuben, wo man auch draußen sitzen kann.
5 Von Freiburg aus kann man leicht nach Straßburg fahren.
6 Ein Ausflug in die Schweiz lohnt sich immer.
7 Die Bücher für ihre Seminare soll sie bald kaufen.
8 Neue Bekannte kann man in der Mensa treffen.

Issuing and responding to warnings

65 — Was paßt hier? Füllen Sie den richtigen Ausdruck aus dem Kasten unten in die Lücken.

1 _____ in den Bergen sollte man immer ernst nehmen.
2 Am Ende des 2. Weltkriegs waren in Deutschland vor allem _____ gefürchtet.
3 Wenn man mit dem Wagen auf der Straße liegenbleibt, muß man die _____ einschalten.
4 Bei heißem Wetter besteht eine erhöhte Smog _____.
5 In südlichen Ländern sollte man unbekannte Speisen mit _____ genießen.
6 Trotz der _____ seiner Eltern hatte Erich sich nicht _____ und verlor seinen Führerschein wegen zu viel Alkohol im Blut.
7 _____ _____, Durchfahrt eines Zuges!
8 _____ _____ _____, in Großstädten sollte man nichts in seinem Auto zurücklassen.

Tiefffliegeralarme	Achtung, Achtung	Seien Sie vorsichtig	Warnblinkanlage
vorgesehen	gefahr	Sturmwarnungen	Vorsicht	Warnungen

CONVEYING ATTITUDES AND MENTAL STATES

Asserting and denying the truth of something, expressing knowledge, remembering and forgetting

66 — Simon, Clare und Ahmed haben eine Prüfung in Wirtschaftswissenschaften.

Was paßt hier? Füllen Sie den richtigen Ausdruck in die Lücke.

CLARE: Mensch, die Prüfung in Makroökonomie ist nächsten Dienstag und ich _____ gar nicht, was eigentlich gefragt wird.

SIMON: Ich habe ein _____ gehört, daß man eine Fallstudie beschreiben muß.

AHMED: Ja, ich _____ sicher, daß das letztes Jahr verlangt wurde.

CLARE: _____ ihr euch noch, was der Professor in der Vorlesung gesagt hat? Ich habe im _____, daß es eine aktuelle Fallstudie sein soll.

SIMON: Ja, das stimmt, es handelte sich um die europäische Außenhandelsbilanz. Aber ich kann die ganzen Zahlen nie im _____ _____. Soll man die wirklich alle _____?

AHMED: Nein, nein, da bekommt man Statistiken. Aber man hat nie genug Zeit, sich alles genau anzusehen. Deshalb ist es doch nützlich, wenn man ein gutes _____ hat.

CLARE: Da haben es die Geistes_____ besser. Da gibt es keine Zahlen, die man sich _____ muß.

SIMON: Das ist nur teilweise _____. Schließlich muß man all die Autoren und ihre Lebensdaten _____, oder?

CLARE: Da hast du recht. Ich _____ aber doch, es muß leichter sein.

AHMED: Vielleicht für dich, aber dann hättest du Geistes_____ werden sollen.

67 *wissen* oder *kennen*? Füllen Sie das richtige Verb in der entsprechenden Form in die Lücke:

1 Ich _____ diese Familie nicht.
2 Wir _____ nicht, wieviele Kinder Ihr habt.
3 Mein Mann _____ meine Kollegen noch gar nicht. (*past tense*)
4 Nach so vielen Jahren der Trennung _____ die Kinder ihre Großeltern nicht mehr. (past tense)
5 Wer _____, daß es eine Baustelle auf der Autobahn gab? (*past tense*)

Expressing future intentions

68 Clare und Simon haben viele Pläne. Was erzählen sie Katrin?

> Beispiel:
> Variante 1: **Wir haben uns vorgenommen, ...**
> Variante 2: **Wir haben vor, ...**

1 am nächsten Tag: Lebensmittel einkaufen gehen
2 abends: neue Leute im Wohnheim kennenlernen
3 Dienstag: zur Sprechstunde von Professor Lange gehen
4 Dienstag nachmittag: die Uni erkunden
5 Freitag: auf einen Bummel durch Freiburgs Weinstuben gehen
6 morgen früh: ins Freibad zum Schwimmen, falls es heiß ist
7 Samstag morgen: mit der Kabinenbahn auf den Schauinsland fahren
8 Vor Semesterbeginn: ein Monatsticket für die öffentlichen Verkehrsmittel kaufen

Expressing likes and dislikes: people, things and situations

69 Herr Lorimer ist gerade im Hotel Rheinterrassen angekommen und findet, daß in seinem Zimmer nicht alles in Ordnung ist. Deshalb geht er zur Rezeption. Übernehmen Sie die Rolle von Herrn Lorimer.

LORIMER (1): (*Attract attention and ask to speak to the manager.*)

EMPFANGSCHEF: Der Geschäftsführer ist leider gerade nicht im Haus. Kann ich Ihnen behilflich sein?

LORIMER (2): (*Tell him your room leaves something to be desired. You booked a room with a shower but you have got a bath. Also, there is no hot water.*)

EMPFANGSCHEF: Das tut mir leid. Ist sonst noch etwas nicht in Ordnung?

LORIMER (3): (*Say that the room is also quite chilly and you think it hasn't been cleaned before your arrival. The only thing you really like about it is the view out on to the Rhine.*)

EMPFANGSCHEF: Das ist wenigstens etwas. Wir könnten Ihnen ein anderes Zimmer anbieten, aber das hätte keinen Blick auf den Rhein.

LORIMER (4): (*Say that that is not reasonable. Can they not do something about his present room?*)

EMPFANGSCHEF: Also, die Heizung funktioniert erst ab 16.00 Uhr wieder, aber ich kann Ihnen sofort das Zimmermädchen zum Aufräumen und Saubermachen schicken. Bitte nehmen Sie doch in unserem Café Platz und wir servieren Ihnen unterdessen einen Kaffee.

LORIMER (5): (*Tell him you accept the offer and thank him.*)

70 Was paßt hier? Wählen Sie das passende Verb und setzen Sie es in die richtige Form.

mögen	möchte	gefallen	lieben

1 Ich _____ dich und _____ dich heiraten.
2 Blumenkohl _____ ich überhaupt nicht.
3 Deine Stirn ist heiß und du bist so blaß; du _____ mir überhaupt nicht.
4 Das Kleid _____ mir. Es hat eine schöne Farbe.
5 Den kleinen Magnus _____ ich sehr gerne.
6 Schokolade _____ Frau Weigert schon immer. (*past tense*)

71 Wenn man etwas/jemanden nicht mag . . .

Was paßt hier? Füllen Sie den richtigen Ausdruck in die Lücke.

1 Ich kann es gar nicht _____, wenn Sonntag morgen das Telefon klingelt.
2 Die beiden Ehepartner können sich einfach nicht mehr _____.
3 Für mexikanisches Essen hatte ich noch nie etwas _____.
4 Du hast es nicht so _____, wenn deine Tochter nach Mitternacht nach Hause kommt.
5 Die Hitze im Juli kann ich überhaupt nicht _____.
6 Eigentlich sollte man niemanden _____.

Indicating preference, expressing indifference

72 Die Freunde im Wohnheim vergleichen ihre Erfahrungen. Das meinen sie:

1 Simon: Freiburg seems to be more expensive than many other university towns.
2 Rudi: But it is also more beautiful.
3 Clare: The British students prefer a smaller town.
4 Katrin: (*already has a preference for* **Badischen Wein**)
5 Ahmed: (*prefers white wine to red wine*)
6 Simon: (*doesn't mind whether he finds a flat or a room in hall*)
7 Gabi: (*likes Freiburg just as much as Straßburg where she spent a semester*)
8 Simon and Clare: (*less keen on taking exams but do like the style of the seminars*)

Voicing opinion, expressing firm convictions, expressing agreement and disagreement

73 Was haben/sind diese Leute? Füllen Sie den passenden Ausdruck in die Lücke.

1 Seine _____ den Ausländern gegenüber ist ziemlich rechts.
2 Bei der ganzen Trauerfeier hat die Familie _____ bewahrt.
3 Mit seinen halberwachsenen Söhnen hat man als Eltern oft einen _____.
4 Es ist einfach, gegenüber behinderten Menschen eine _____ _____ zu haben.
5 Mein Mann und ich, wir waren über unsere Ferienpläne _____ _____.
6 Bist du Christ aus _____?

74 — Was gehört zusammen? Ordnen Sie die Sätze (a)–(f) den Aussagen (1)–(6) zu.

1 Wir sind dagegen.
2 Sie haben eine für alle akzeptable Lösung gefunden.
3 Der Kanzler verweigerte seine Zustimmung.
4 Die Mehrheit stimmte dem Plan für das Wochenende zu.
5 In der Frage der Steuersenkung kamen die Parteien zu einer Einigung.
6 Die Gesetzesänderung wurde zur Abstimmung gebracht.

(a) Wir lehnen das ab.
(b) Die Verhandlungspartner haben sich auf einen Kompromiß geeinigt.
(c) Sie waren dafür.
(d) Sie waren schließlich einer Meinung darüber.
(e) Er sagte 'nein' zu dem Gesetzesentwurf.
(f) Die Abgeordneten durften wählen, ob sie dafür oder dagegen waren.

Talking about physical well-being

75 — Sabine und Katrin unterhalten sich über Gesundheit. Übernehmen Sie die Rolle von Sabine.

1 Say that you are very well.
2 Ask Katrin how she is.
3 Say that you feel healthy.
4 Say that Ulrike is well under the circumstances.
5 Ask Katrin if there is anything wrong with her.
6 Tell her that Ahmed is very healthy, but Thomas is looking unwell today.
7 Say that playing sports is supposed to be very healthy.

76 — Clare macht sich Sorgen über die Gesundheit von Ahmed. Sie gibt ihm Ratschläge.

She tells him:
1 to swim regularly
2 to eat sensibly
3 to lose 10 kg
4 to stop smoking
5 to take time to relax

77 — Sprechen Sie mit Ihrem Hausarzt über Ihren Sohn Thomas.

Tell him that:
1 he is unwell
2 he has caught a cold
3 he suffers from a severe headache
4 he is running a temperature
5 he has been plagued by hay fever for many years
6 he is too ill to come to the surgery

78 Der Hausarzt macht einen Hausbesuch bei Thomas. Übernehmen Sie die Rolle des Arztes und fragen Sie Thomas, ob:

1 he is cold
2 he is dizzy
3 he has caught a cold again
4 where he has hurt himself

79 Jetzt sind Sie Thomas. Sagen Sie dem Hausarzt, daß:

1 your legs also hurt
2 you feel sick (need to vomit)
3 you are thirsty

80 Sie sind der Arzt. Besprechen Sie Ihre anderen Patienten mit einem Kollegen.

1 Tell him the cause of death cannot be ascertained.
2 Say that the patient has caught measles from his brother.
3 Say that the child must be inoculated against tetanus.

81 Was paßt hier? Füllen Sie den passenden Ausdruck in die Lücke.

1 In diesem neuen Kleid _____ sie gut _____.
2 Ich bin zu dick, ich muß _____.
3 Er hat sich noch nicht _____ das heiße Wetter _____. [got used to]
4 Morgen brauchst du nicht früh aufzustehen, da kannst du _____ richtig _____. [sleep in]
5 Er hat _____ _____ seinem Freund ausgesprochen.
6 Haben Sie _____ _____ ihrer Krankheit erholt?
7 Die laute Musik geht _____ _____ die Nerven.
8 Wo hast du _____ erkältet?
9 Er _____ _____ in einer Privatklinik behandeln. [has himself treated]
10 Ich muß _____ röntgen _____. [get myself X-rayed]
11 Herr Doktor, können Sie _____ bitte ein Rezept _____?
12 Er wurde gestern _____ Magen operiert.

82 Gesunde Ernährung:

Welche Endungen könnten hier passen? Es gibt mehrere Möglichkeiten.

-frei	ohne	-reich	-arm	-haltig

1 Obst ist vitamin_____.
2 Sie sollten das Fleisch nur essen, wenn es fett_____ ist.
3 Diese Zigaretten sind angeblich nikotin_____ im Rauch.
4 Die gesünderen Süßigkeiten sind _____ Farbstoffe.
5 Trinkwasser sollte keim_____ sein.

83

Was paßt hier? Füllen Sie den passenden Ausdruck in die Lücke.

1 Nimm die Hand vor den Mund, wenn du nießt, damit du niemanden _____!
2 Wenn du keine Masern bekommen willst, mußt du _____ werden.
3 Zieh dich warm an, sonst _____ du _____.
4 Benutze eine _____, damit du keinen Sonnenbrand bekommst.

84

Welches Wort paßt hier für beide Wörter?

Vorsichts-_____
Schutz-_____

85

Welches Wort paßt hier für beide Sätze?

Es ist wahrscheinlich, daß man einem Herzinfarkt mit Aspirin _____ kann.
Wenn man ein Lagerfeuer macht, muß man einem Brand _____.

Expressing happiness, fear and sadness

86

Übersetzen Sie die Ausdrücke in Klammern und füllen Sie die Lücken.

1 Er ist heute _____ _____. [in a good mood]
2 Sie schrie _____ / _____ _____ _____. [with sheer joy]
3 _____ _____ _____, Sie kennenzulernen. [We are pleased]
4 Die Kinder _____ _____ _____ die Party. [are looking forward to]
5 _____ _____ _____, einen Fensterplatz zu bekommen. [We were lucky]
6 Dein schlechtes Zeugnis _____ _____ _____ _____. [worries me greatly]
7 Ich _____ über die Verspätung _____. [am frustrated]
8 Der Kunde _____ _____ _____ den Geschäftsführer. [was annoyed about]
9 Der Künstler _____ _____ durch die Kritik _____ / _____ / _____. [feels insulted]
10 Er versuchte, _____ _____ _____ _____ _____. [to make them laugh]

87

Füllen Sie die Lücken.

1 Sie freuen _____ _____ die morgige Schiffsfahrt auf dem Rhein.
2 Meine russische Freundin hatte Heimweh _____ / _____ ihrer Großmutter.
3 Es _____ uns sehr _____ Herzen, daß der Streit beigelegt wird.
4 Hänsel und Gretel hatten _____ _____ der Hexe.
5 Er war zutiefst _____, weil sie ihn 'Dummkopf' nannten.
6 Die kranken Kinder waren traurig. Der Clown versuchte, sie _____.
7 Sie hat sich sehr _____ das Geschenk _____, weil es so toll war.

88

Thomas in Neuss schreibt einen Brief an Rudi, seinen älteren Bruder. Übernehmen Sie die Rolle von Thomas.

1 Date the letter.
2 Open the letter.
3 Ask how he is.
4 Find out if he has recovered from his flu.

5 Tell him you are well.
6 Thank him for sending you the disks with computer games.
7 Tell him how much you enjoyed them.
8 Ask him what you could send him to cheer him up.
9 Say that you are looking forward to seeing him in the summer holidays.
10 Finish the letter.

---

89 Rudi erzählt von seiner jüngeren Schwester. Er sagt:

1 Ulla has fallen in love with her art teacher.
2 She is on cloud nine.
3 Sometimes she is terribly unhappy.

Expressing satisfaction and dissatisfaction

90 Der Patient erzählt von seinem Krankenhausaufenthalt. Übernehmen Sie seine Rolle.

1 Say that you are satisfied/pleased with the treatment.
2 Say that the result of the investigation was satisfactory.
3 Say that there was sufficient space.
4 Say that you had to make do with little sleep.

91 Was paßt hier? Füllen Sie den passenden Ausdruck in die Lücke.

1 Du mußt _____ _____ abfinden, _____ das Auto nicht zu reparieren ist.
2 Ich muß _____ wohl mit dem geringen Stundenlohn _____.
3 Er hat _____ noch nicht _____ abgefunden, daß er nicht Medizin studieren kann.

92 Sie sind der Inspekteur für eine Reisegesellschaft. Schreiben Sie anhand der folgenden Notizen einen Bericht über eine Pension. Benutzen Sie vollständige Sätze.

1 Frühstück: plentiful, you can eat as much as you want
2 Zimmer: sufficiently big
3 Unterkunft: pretty good
4 Aufenthaltsräume: comfortable but not cosy
5 Besitzer: quite nice
6 Verpflegung: adequate
7 Sauberkeit: leaves a lot to be desired
8 Im großen und ganzen: satisfactory, meets the needs of hikers

Expressing hopes, wishes and disappointment

93 Wie sagt man das?

1 Say that we hope for better weather.
2 Say that he managed to postpone the operation.
3 Say that you wish you had more money.
4 Say that his expectations of the course were disappointed.

94 Was paßt hier? Füllen Sie den passenden Ausdruck in die Lücke.

1 Ich möchte es gar zu gerne wissen: Ich bin _____ _____, wer die Lotterie gewinnt.
2 Clare hatte einen Autounfall. _____ ist ihr nichts passiert!
3 Er möchte mir so gerne einen Wunsch _____.
4 Eile dich, sonst _____ du noch den Zug.
5 Die alte Dame hat ihre Handschuhe im Zug _____.
6 Obwohl Simon auf der Wanderung im Schwarzwald eine Karte bei sich hatte, hat er sich total _____.
7 Entschuldigung, ich dachte Sie wären Herr Meier. Ich habe Sie wohl miteinander _____.
8 Ich _____, ich hätte mehr Freizeit.
9 Seine Hoffnungen auf einen besseren Job gingen nicht _____ _____.

Expressing surprise

95 Wie sagt man das?

1 Say that he surprised her with a big present.
2 Say that you caught him playing with your computer.
3 Find out if the news of their engagement surprised him.
4 Tell your friend that you have brought him a little something as a surprise.
5 Report that he was caught smoking at school.
6 Confess that you and your friends were surprised by the snowstorm.
7 Say that she was completely surprised how much he had grown.

96 Übersetzen Sie die Ausdrücke in Klammern und füllen Sie die Lücken.

1 Ich hatte _____ _____ einer Gehaltserhöhung _____. [firmly counted on]
2 Das Auto fuhr _____ langsam. [incredibly]
3 Ich _____ _____/_____ _____ _____, warum die Straße immer noch nicht repariert worden ist. [wonder]
4 Es ist _____/_____, wie viele Menschen hungern. [incomprehensible]
5 Ich hatte Sie _____ so früh _____. [not expected]
6 Wir konnten das Problem nicht _____. [foresee]

Expressing enjoyment and pleasure

97 Was paßt hier? Füllen Sie den passenden Ausdruck in die Lücken. Die englischen Ausdrücke in Klammern helfen Ihnen dabei.

1 Das neue Fahrrad macht dem Mädchen große _____/viel _____. [joy]
2 Wir waren über die Verlobung der beiden _____/_____. [delighted]
3 Sie wollten sich beim Schwimmen _____. [have a good time]
4 Wir haben das köstliche Essen im Restaurant _____. [enjoyed]
5 Wie hat dir der Kuchen _____?
6 Wir haben ein paar schöne Tage an der Riviera _____. [spent]
7 Laßt uns eine Party veranstalten, _____ _____ _____ _____. [just for fun]
8 Deutsch lernen _____ richtig _____. [is fun]
9 _____ _____ _____, ins Kino zu gehen? [Do you feel like]

10 _____ du _____ _____ ein Eis? [Do you fancy]

11 Du solltest dir ein schönes neues Radio _____. [treat yourself to]

12 Ich kann mir die hohe Miete nicht mehr _____. [afford]

13 Wir _____ _____ seinen Erfolg. [don't begrudge him]

14 Sie _____ gern _____/_____. [to joke]

15 Meinst du es _____? [serious]

16 Er hat nur eine _____ _____ gemacht. [funny remark]

98 ── **Blinddarmoperation**

Frau Weiger und ihr Sohn Thomas unterhalten sich über seine bevorstehende
Blinddarmoperation (*appendectomy*).

Was paßt hier? Füllen Sie den passenden Ausdruck aus dem Kasten in die Lücke.

MUTTER: Thomas, der Arzt hat gesagt, daß dein Blinddarm herausgenommen werden
soll.

THOMAS: Aber warum denn. Es tut doch gar nicht mehr _____.

MUTTER: Das stimmt, aber es könnte wieder anfangen.

THOMAS: Wann muß ich denn dann ins _____?

MUTTER: Gleich heute nachmittag.

THOMAS: Das geht nicht, da habe ich Fußball.

MUTTER: Tut mir leid, da muß der Fußball eben einmal _____.

THOMAS: Ich habe aber keine _____ ins Krankenhaus zu gehen.

MUTTER: Ja, das verstehe ich, aber es muß sein.

THOMAS: Also gut. Aber du mußt mich jeden Tag besuchen, sonst _____ ich _____
einsam.

MUTTER: Aber natürlich besuche ich dich.

THOMAS: Was wird denn da gemacht?

MUTTER: Also, das ist gar nicht so _____. Wenn du hinkommst, zeigt dir die _____
dein Bett. Dann wirst du _____ und gemessen. Vielleicht bekommst du eine
Röntgen_____, und der Arzt hört dir die Brust ab. Heute abend bekommst du
nichts zu essen, nur vielleicht einen Tee. Morgen früh mußt du dann ein weißes
Hemd anziehen. Dann gibt dir die Schwester eine _____. Dann wirst du in
deinem Bett in den Operationssaal gefahren. Dort bekommst du eine Spritze
und dann _____ du ein.

THOMAS: Wie weißt du, daß ich einschlafe?

MUTTER: Der Arzt sagt, daß du bis hundert zählen sollst. Aber soweit kommst du gar
nicht. Dann wird dein Bauch ein kleines Stückchen aufgeschnitten und der
Blinddarm _____. Am Schluß wird er zugenäht. Und dann ist alles _____.
Wenn du aufwachst, bist du noch etwas müde, aber bis morgen abend kannst
du schon wieder aufstehen.

THOMAS: Und wann kann ich wieder nach Hause?

MUTTER: Das muß der _____ bestimmen, der dich _____. Der schreibt dir noch ein
Rezept für ein Schmerzmittel und dann wirst du entlassen.

THOMAS: Und dann kann ich am Samstag Fußball spielen?

MUTTER: Das kann ich dir nicht versprechen. Es _____ bestimmt noch ein paar Tage, bis
du dich erholt hast und wieder Sport _____ darfst. Aber dann bist du wieder
kerngesund.

THOMAS: _____ mir die Daumen, und mach dir keine Sorgen. Es wird schon_____
gutgehen.

Kinderarzt   fühle   gewogen   ausfallen   schon   dauert   mich
herausgenommen   Schwester/Krankenschwester   drücke   Krankenhaus
weh   Beruhigungstablette   schläfst   vorbei   Lust   schlimm
behandelt   treiben   -untersuchung

3 Functions in context

This section provides exercises in context, covering several functions which are not necessarily related. All exercises are referenced to the index of *Modern German Grammar*. The section has two parts, one based on setting A and one on setting B (as explained in the introduction to Section 2).

SETTING A

Nützliche Vokabeln:

> **einziehen** 'to move in'
> **-e Kaution** 'deposit'
> **-s Vorlesungsverzeichnis** 'list of lectures, seminars, practicals, etc.'
> **-s Anmeldeformular** 'registration form'
> **sich einschreiben** 'to enrol'
> **-e Gebühr** 'fee'
> **-r Türke** 'Turk'
> **-s Kloster** 'monastery'
> **-r Asylbewerber** 'asylum seeker'
> **-r Gebrauch (Gebräuche)** 'custom'
> **-s Mittelalter** 'Middle Ages'
> **-r Schwarzwald** 'Black Forest'
> **-r Abwasch** 'washing-up'
> **ausziehen** 'to move out'
> **zugeben** 'to admit'
> **-r Krankenschein** 'medical insurance record card'
> **-r Blutdruck** 'blood pressure'
> **-e Brauerei** 'brewery'
> **es ernst meinen mit jemandem** 'to be serious about someone'

Szene 1

This practises introducing (informal introductions); permission (seeking permission); spoken cues; availability (making or having something available); thanking (informally).

Clare ist gerade in Freiburg angekommen und meldet sich beim Hausmeister des Wohnheims. Übernehmen Sie die Rolle von Clare im Gespräch mit dem Hausmeister.

(a) *Say hello and introduce yourself.*
     Grüß Gott! Wollen Sie sich anmelden?
(b) *Say yes, you are supposed to have a room in House 42.*
     Mountford, sagen Sie? Mmm, ja hier ist's. Tatsächlich Haus 42.

(c) *Ask if it would be possible to move in today.*
Meinetwegen. Nur müssen Sie sofort die Kaution in Höhe von DM 200 bezahlen.

(d) *Say you haven't understood that. Ask him to repeat it.*
Die Kaution müssen Sie bezahlen. Die bekommen Sie dann zurück, wenn Sie wieder ausziehen und mit dem Zimmer alles in Ordnung ist. Verstehen Sie?

(e) *Tell him you understand and that you'll pay today if you have to.*
Und wie möchten Sie zahlen?

(f) *Say you have Eurocheques or travellers' cheques.*
Können Sie denn nicht bar bezahlen?

(g) *Say you would have to go to the bank first.*
Gut, Sie gehen jetzt zur Bank und den Schlüssel bekommen Sie, nachdem Sie die Kaution bezahlt haben. Einverstanden?

(h) *Ask if he cannot issue the key now as you have your cases with you.*
Leider geht das nicht. Aber die Koffer kann ich hier einschließen, wenn Sie wollen.

(i) *Thank him and say that is OK with you.*

Szene 2

This practises inviting somebody (to come in); greeting (initial greeting); introducing (informal introductions); personal details; goodbye.

Clare ist gerade in ihr neues Zimmer eingezogen und da klopft es an der Tür. In diesem Dialog übernehmen Sie noch einmal die Rolle von Clare.

(a) *Say come in.*
Störe ich? Ich möchte mich vorstellen. Ich bin die Katrin und wohne hier nebenan.

(b) *Greet her and introduce yourself.*
Du bist nicht von hier, oder? Woher kommst du?

(c) *Say you come from England.*
Ach, du bist Engländerin. Kannst aber schon gut Deutsch. Warst du schon einmal in Deutschland?

(d) *Say this is your first time here.*
Na ja, ich hoffe, es gefällt dir. Du, ich muß gleich in die Uni. Wir unterhalten uns noch mal ein bißchen später, nicht?

(e) *Say goodbye and that you'll see her later.*

Szene 3

This practises availability (through purchase; reaching for or getting; borrowing/rental); locating; processes (continuation); identifying (means of identification); processes (agent of process).

Clare hat inzwischen Rudi kennengelernt. Sie sucht Informationen über die Universität. Übernehmen Sie die Rolle von Clare:

(a) *Ask Rudi where you can get hold of a list of lectures.*

(b) *Ask him if you could borrow his for a moment.*

(c) *Find out where the library is.*

(d) *Say you are just in the process of filling in your registration form for the library.*

(e) *Ask if you have to prove your identity each time you enter the library.*

(f) *Find out if there is any fee to pay when you enrol at the University.*

Functions in context

This practises talking about convictions; absence (negating existence); apologizing (seeking forgiveness); describing (dating; social relationships); inheriting; passing things on; truth (commenting on the truthfulness of something); origin (geographical origin); meeting; engagement; liking (people); personal details; origin (by birth and descent); cause (interdependence).

Simon hat einen Zettel am schwarzen Brett an der Uni gesehen: zwei Studenten suchen jemand für eine WG. Er ist hingefahren, um sich die Wohnung anzuschauen und lernt Ahmed kennen. Im folgenden Dialog übernehmen Sie die Rolle von Ahmed.

(a) *Ask him what he thinks of the flat.*
Sie gefällt mir sehr. Aber es gibt noch jemand in der WG, oder?

(b) *Say Gabi is not in at the moment. She sends her apologies, but she had already arranged to meet a friend in town.*
Wer ist das denn, die Gabi?

(c) *Tell him she is a fellow student and that it is her flat.*
Ach, so. Wieso hat denn eine Studentin eine eigene Wohnung?

(d) *Explain that her old aunt left it to her.*
Da hat sie aber Glück gehabt.

(e) *Say that's true. Ask Simon where he comes from.*
Aus London, aber ich studiere zur Zeit in Manchester.

(f) *Tell him you happened to meet another student from Manchester today.*
Das war wohl die Clare. Wir sind hier die einzigen aus Manchester.

(g) *Find out if she is going out with anyone.*
Ja, sie hat einen Freund in Manchester.

(h) *Find out if they are engaged.*
Nicht das ich wüßte.

(i) *Say you're pleased because you really like her.*
Woher kommst du eigentlich?

(j) *Tell him you are from Stuttgart but that you are Turkish by birth.*
Wie machen wir das denn? Darf ich einziehen? Oder soll ich zuerst mit der Gabi sprechen?

(k) *Say that's up to Gabi. You'll talk to her as soon as you can. Tell him to phone again this evening.*
Alles klar. Tschüs!

This practises availability (finished consumables); missing; impression; disagreeing; promising (promises between people).

Gabi ist nach Hause gekommen und Ahmed erzählt ihr von dem Besuch des englischen Studenten. Im folgenden Dialog übernehmen Sie noch einmal die Rolle von Ahmed.

Grüß dich. Mensch, ich habe Durst. Was gibt's zu trinken?

(a) *Tell her she'll have to have mineral water or tea as the beer is finished.*
Macht nichts. Ich trinke Wasser.

(b) *Tell her she has just missed Simon.*
Simon? Wer ist denn das?

(c) *Say he's the Englishman who wanted to look at the flat.*
Ach, ja. Und, wie findest du ihn?

(d) *Say he made a really good impression. Say you wouldn't have anything against him moving in.*

Dann sollte ich ihn auch treffen.

(e) *Say he promised to phone this evening.*

Gut. Dann versuchen wir, uns morgen zu sehen.

Szene 6

1. Teil

This practises introducing (informal introductions); complimenting (on a house/flat); happiness (being lucky); greeting (personal greetings); availability (not available for a caller); describing (friends and acquaintances).

Simon ist inzwischen bei Gabi und Ahmed eingezogen. Gabi, Simon, Rudi und Katrin sitzen in der Wohnung. Übernehmen Sie zuerst die Rolle von Katrin.

(a) *Introduce yourself to Simon.*

(b) *Introduce Simon to Rudolf; say everyone calls him Rudi.*

(c) *Tell Gabi the flat is really comfortable.*

(d) *Tell Simon he was lucky to find such a nice flat.*

(e) *Say Clare sends her best wishes.*

(f) *Say she couldn't come today as she is busy with her theatre group.*

(g) *Ask how long he and Clare have been friends.*

2. Teil

This practises introducing (introducing someone else; offering refreshment); absence (cancelled or failing to happen); reservation; reporting (second- and third-hand knowledge); processes (next step); objecting (demanding one's rights); wishes (for an examination); happiness (being lucky).

Ahmed kommt herein. Übernehmen Sie nun die Rolle von Gabi.

(h) *Ask Ahmed and Rudi if they already know each other.*

Ja, ja. Wir haben uns beim Tischtennis kennengelernt, nicht?

(i) *Tell Ahmed there is wine on the table and that he should help himself.*

Danke. Wir waren schon in der Kneipe. Ich will nichts mehr. Übrigens, wie war die Vorlesung heute?

(j) *Say it had to be cancelled as Hauptmann is ill.*

Naja, das ist nicht so tragisch. Der ist doch ein ganz langweiliger Typ.

(k) *Ask him if he really means that. Tell him Ulrike is supposed to have said he was one of the best in the whole university.*

Wohl kaum! Weißt du noch, wie er damals über das alte Freiburg gesprochen hat? Stinklangweilig!

(l) *Say well, maybe he's right. Tell him incidentally the flat needs cleaning and it's his turn.*

Ach was, schon wieder? Gut, das mache ich aber erst übermorgen, denn morgen habe ich ja die Mündliche.

(m) *Wish him good luck for the exam. Say you'll cross your fingers for him.*

Szene 7

This practises origin (foundation); time (in the distant past); absence (demolished; destroyed); locating (here and there); origin (geographical); locating (spatial sequences); time (at specified time in past); reason (explaining a particular use); origin (tracing the origin back; by profession, social status, family); locating (direction; covering distances and areas; describing distances).

Durch Simon hat Clare Gabi kennengelernt. Gabi zeigt Clare die Stadt und auf einem Stadtbummel erzählt sie ein bißchen über die Geschichte Freiburgs. Übernehmen Sie die Rolle von Gabi.

(a) *Tell Clare the city was founded in the twelfth century and that in those days it was just a village.*

(b) *Say part of the city was destroyed in the war and many buildings were demolished.*

(c) *Explain that there was originally an old monastery on this spot.*

(d) *Tell her that adjoining this church there is a large museum.*

(e) *Point out that the building over there served a few years ago to house asylum seekers.*

(f) *Tell her the language and customs of the city date back to the Middle Ages.*

(g) *Say your family comes from the Black Forest.*

(h) *Inform her that the Alps can be seen from the Schauinsland.*

(i) *Tell her the forest stretches over thousands of square kilometres.*

(j) *Say it takes only 40 minutes to get from Freiburg to Straßburg by car.*

| Szene 8 |

1. Teil

This practises attention (attracting when busy); helping (accepting help); objecting (making complaints); preferences (making comparisons); suggestions (making); helping (accepting help); truth (commenting on truthfulness); well-being (stress); objecting (demanding one's rights).

Im Wohnheim in der Küche entdeckt Clare, daß jemand schon zum zweiten Mal ihre Sachen benutzt hat und daß ihr Kaffee verschwunden ist. Anscheinend steckt der Rudi dahinter. Im folgenden Dialog übernehmen Sie die Rolle von Clare.

(a) *Knock on his door and ask if you can disturb him for a moment.*
Ja, gern. Komm doch rein!

(b) *Ask him to be kind enough in future not to use your things in the kitchen.*
Ja, ich wollte dich eigentlich fragen, ob ich den Kaffee nehmen darf, aber du warst nicht da. Was sollte ich denn machen?

(c) *Tell him it's not on for him simply to take things out of cupboards without asking.*
Ach, komm doch, ich habe nichts dagegen, wenn du etwas von mir gebrauchst.

(d) *Say you would prefer it if everyone used their own things.*
Vielleicht willst du, daß wir dann alles verschließen. Das soll doch ein Wohnheim sein und kein Gefängnis!

(e) *Say perhaps that would be a good idea. Why didn't you think of it first!*
Also, jetzt hör mal. Bevor du hier eingezogen bist, hat es keine Probleme gegeben. Hier wird doch alles geteilt!

(f) *Tell him that's nonsense, the only thing he shares is his washing-up.*
Ja, wenn es dir hier nicht gefällt, solltest du vielleicht ausziehen.

(g) *Tell him he's getting on your nerves. Perhaps he should be the one moving out. Insist in any case that he doesn't use your things again.*
Ach, hau ab. Laß mich endlich in Ruhe.

2. Teil

This practises doubt (at improbable/unexpected); objecting (complaining rudely); fillers (not knowing the exact word); objecting (not satisfactory); sadness (saying one has had enough); objecting (demanding one's rights); helping (requesting a favour; offering advice); complimenting (general expressions of delight).

Clare geht in die Küche, wo schon wieder niemand abgewaschen hat. Da findet sie Katrin.

(h) *Say oh no, you cannot believe it. What a bloody mess!*
Was? Ach, die Teller, meinst du. Die sind noch von gestern, wir haben Pizza gegessen. Clare, was ist?

(i) *Say it's a bit of a tricky matter.*
Was denn? Was ist denn los?

(j) *Say you have just complained to Rudi because he's been using your things.*
Ach so! Ja, leider macht er das allzu oft. Ich habe auch mal mit ihm darüber gesprochen.

(k) *Say you are really fed up with him. He's clearly in the wrong but won't admit it.*
Ja, so ist er halt manchmal: ganz stur!

(l) *Ask Katrin to do you a favour.*
Ja, gern. Was denn?

(m) *Say what about if she were to talk to Rudi. She knows him better than you.*
Gut, mache ich. Aber dann sollten wir uns alle hinsetzen und ein paar Küchenregeln festlegen.

(n) *Say that would be great.*

Szene 9

This practises well-being (feeling unwell; suffering); advice (offering); well-being (medication; medical investigation); helping (replying to a request for help).

Simon geht es seit einigen Tagen nicht gut. Katrin besucht ihn. Übernehmen Sie zuerst die Rolle von Simon.

(a) *Tell her you feel dizzy.*
(b) *Say you are tired all the time and are also plagued by headaches and a sore throat.*
(c) *Say you think you may be suffering from flu.*

Übernehmen Sie nun die Rolle von Katrin.

(d) *Tell him that in his position you would go to the doctor.*
Ach, ne, das ist nicht nötig.

(e) *Say if he's really ill, he can get a prescription for something.*
Kopfschmerztabletten habe ich ja schon genommen.

(f) *Tell him he should have himself properly examined then.*
Ja, du hast wahrscheinlich recht.

(g) *Advise him to find a **Kassenarzt** and to take his medical insurance card with him.*
Wie mache ich das? Könntest du nicht vielleicht anrufen?

(h) *Say you'll be happy to do it for him.*

Szene 10

This practises well-being (losing weight; giving up habits; exercising and keeping fit); warnings (threat-like warnings); understanding (not understood; checking understanding); truth (commenting on truthfulness); intention (future intentions); inviting (declining).

Simon war inzwischen beim Arzt und ruft Katrin an, um ihr darüber zu berichten. Im folgenden Dialog übernehmen Sie Rolle von Simon.

Na, was hast du denn?

(a) *Tell her: nothing, apparently.*

Was hat der Arzt denn gesagt?

(b) *Tell her he said you must lose weight and give up smoking.*
Und sonst nichts? Was ist mit den Kopfschmerzen?

(c) *Say he thinks you're not keeping fit and that you ought to do more sport.*
Und warum ist dir schwindlig?

(d) *Say your blood pressure is supposedly a little high. Tell her he said something else which you didn't catch.*
Eigentlich wundert mich das nicht.

(e) *Ask her what she means by that.*
Ja, du treibst doch gar keinen Sport.

(f) *Tell her that's not quite true, actually: you play table tennis.*
Sehr witzig! Simon, sag mal. Was machst du denn am Samstag?

(g) *Say you haven't got any definite plans.*
Gut, dann kommst du mit uns wandern.

(h) *Say unfortunately you can't after all. You've just remembered you've got something else on.*
Was denn?

(i) *Tell her you and Rudi are visiting a brewery.*
Ach, Simon, du bist ein hoffnungsloser Fall!

Szene 11

This practises introducing (introductions on the telephone); inviting (issuing invitations); pleasure (feeling like doing something); permission (consent); suggestions (making a suggestion); indifference; inviting (offering to do something); helping (offering advice); thanking (acknowledging thanks).

Ahmed ruft Clare im Wohnheim an. Übernehmen Sie die Rolle von Ahmed.

(a) *Ask to speak to Clare.*
Am Apparat.

(b) *Say hello, tell her who is calling.*
Hallo, Ahmed. Wie geht's?

(c) *Say you are well and that you wanted to ask whether she felt like coming to a party.*
Wann denn?

(d) *Tell her it is this evening. Ask if it is convenient.*
Leider nicht. Wir gehen heute ins Kino.

(e) *Ask if she would like to go to a concert tomorrow instead.*
Ja, das wäre prima.

(f) *Suggest going on for a drink afterwards.*
Wo denn?

(g) *Say you'll leave that up to her.*
Gut. Wo sollen wir uns denn treffen? In der Stadt?

(h) *Ask her if she would like you to meet her at the hall of residence.*
Aber du wohnst doch gar nicht in der Nähe ...

(i) *Say it's really no bother to pick her up. Ask whether 7.00 would be all right?*
Ja, das wäre mir recht. Vielen Dank!

(j) *Tell her she's welcome. Say you'll see her tomorrow.*
Ja. Tschüs!

This practises insulting; anger; liking (people); moods (general); disagreeing; objecting (demanding one's rights); disappointment (at failing to do something); surprise (incomprehension; unforeseen events).

Clare und Gabi unterhalten sich in der Mensa. Clare erzählt ihr von den Problemen mit Rudi. Übernehmen Sie die Rolle von Clare.

(a) *Tell her you insulted him in a fit of anger.*
Clare, ich bin erstaunt. Du bist normalerweise so ruhig.

(b) *Tell her you are really annoyed about it.*
Ja, das sieht man auch!

(c) *Say you can't stand him any more. He always seems to be in a bad mood.*
Ich weiß, er ist ein schwieriger Typ. Aber er kann ja auch ganz nett sein.

(d) *Say you know, that's just the problem. Tell her you are in two minds about staying in the hall of residence.*
Ach du, so schlimm kann es doch nicht sein. Du darfst auf keinen Fall ausziehen. Der Streit wird sich bald legen.

(e) *Say she's probably right. Ask her what the German is for 'home sick'.*
Heimweh, meinst du? Du hast Heimweh?

(f) *Explain that you are missing your boyfriend in England.*
Du meinst es also ernst mit ihm?

(g) *Say yes, but you wonder sometimes if he is equally serious.*
Da wird der Ahmed wohl enttäuscht sein.

(h) *Say you hadn't reckoned on meeting someone like Ahmed . . .*
Die arme Clare. Lauter Probleme!

SETTING B

Nützliche Vokabeln:

-e Verabredung 'meeting'
-r Anmeldeschein 'registration form'
-r Assistent 'trained technical assistant'
-e Abteilung 'department'
-r Chefingenieur 'senior engineer'
-r Rohstoff 'raw material'
-s Werbedokument 'advertising document'
-e Entwicklungsphase 'developmental phase'
-r Klebstoff 'glue'
-e Werbekampagne 'advertising campaign'
-e Verpackung 'packaging'
-e Tube 'tube'
-r Entwurf 'design'
-r Marketingberater 'marketing consultant'
(-s) Marketing 'marketing'
(-r) Verkauf 'sales'
-s Verteilernetz 'distribution network'
liefern 'to deliver'
-s Muster 'sample'

Szene 1

This practises introducing (on the telephone); spelling; availability; attention (turning one's attention to somebody); passing on messages; apologizing (seeking forgiveness); taking leave (goodbye).

Herr Lorimer ruft die Firma PZ-Chemikalien an. Er will die Firma besuchen, um das Gemeinschaftsunternehmen zu besprechen. Übernehmen Sie die Rolle von Herrn Lorimer im Gespräch mit der Telefonistin der Firma PZ.

(a) *Say who is calling.*
(b) *Spell your name.*
(c) *Ask to speak to Frau Heck.*
(d) *Ask when she will be available.*
(e) *Say it concerns your visit next week.*
(f) *Ask the telephonist to pass on the message that you will arrive by plane in Frankfurt on Monday at 8 a.m.*
(g) *Ask if the telephonist can connect you to Herr Schneider.*

Hans Schneider kommt ans Telefon.

(h) *Say you would like to discuss plans for next week.*
(i) *Say you are very sorry but will only be able to stay two days: you have another meeting in Berlin on Thursday.*

Schneider bittet Sie, nicht zu vergessen, die neusten Werbedokumente mitzubringen.

(j) *Tell him not to worry. You will bring everything with you.*
(k) *Ask if you will have the opportunity to see the city.*
(l) *Say you are looking forward to meeting him at last, and finish the conversation appropriately.*

Szene 2

This practises talking about eating (hunger and thirst; ordering food and drink); complimenting (on use of language); liking (people and things); detail; preferences (making comparisons).

Herr Schneider hat Herrn Lorimer und Frau Walsh vom Frankfurter Flughafen abgeholt. Sie gehen zunächst ins Café. Übernehmen Sie die Rolle von Herrn Schneider.

(a) *Ask your guests what they would like to drink.*
(b) *Catch the waiter's attention and order one tea with lemon and two coffees.*
(c) *Ask Ms Walsh if it's her first visit to Germany.*
(d) *Say she speaks very good German.*
(e) *Ask Lorimer how he likes Germany.*
(f) *Find out whereabouts exactly he lives in England.*
(g) *Ask if it is near London.*
(h) *Say you have been to London several times and you prefer it to Frankfurt.*
(i) *Say it is 10.30. You must go. Mr Lorimer has a meeting with Frau Heck at 12.30.*
(j) *Say you will take your guests to their hotel first.*

Szene 3

This practises greeting (initial greeting); introducing (informal introductions); asking for help; asking somebody else to do something); topic (developing).

Im Hotel muß sich Herr Lorimer beim Empfang anmelden. Übernehmen Sie die Rolle von Herrn Lorimer im folgenden Dialog.

Guten Tag. Darf ich Ihnen helfen?

(a) *Greet the receptionist, give your name and say you have a reservation.*
    Ja, und bis wann wollen Sie bleiben, Herr Lorimer?

(b) *Say you are on business in Mainz and will be staying up until the 26th.*
    Was für ein Zimmer brauchen Sie?

(c) *You want a room en suite.*
    Ja, sonst noch etwas?

(d) *You want a room with a view of the Rhine.*
    Ja, geht in Ordnung.

(e) *Ask what time breakfast is served.*
    Frühstück gibt es ab 7 Uhr.

(f) *Ask if the receptionist wants to see your passport.*
    Nein, das ist im Moment nicht nötig.

(g) *Ask if he/she can help you to fill in the registration form.*
    Ja, selbstverständlich.

(h) *Find out if you can change money in the hotel.*
    Ja, das kommt darauf an, was Sie wollen.

(i) *Say you want to cash traveller's cheques.*
    Das können Sie bei mir machen. Bitte schön.

(j) *Ask if you could have your case taken up to your room. Explain you are in a hurry.*

| Szene 4 |

This practises greeting (initial greeting); welcoming somebody; introducing (formal introductions); inviting somebody (to come in); professions; availability (making or having something available).

Im Verwaltungsgebäude von der Firma PZ begrüßt Frau Heck Herrn Lorimer. Übernehmen Sie die Rolle von Frau Heck.

(a) *Say hello and ask him in.*
(b) *Welcome him to the firm and say you are very pleased to meet him.*
(c) *Ask if he had a good journey.*
(d) *Say you hope he likes the hotel you have chosen for him.*
(e) *Invite him to sit down.*

Herr Werner, der Produktionsleiter, kommt herein.

(f) *Introduce Mr Lorimer to Herr Werner.*
(g) *Say Werner is your Production Manager.*
(h) *Explain that Werner is a chemical specialist by profession.*
(i) *Say Werner will have time tomorrow to discuss the technical aspects of the project.*
(j) *Say your office will be available for them to use tomorrow from 9 a.m. onwards.*

| Szene 5 |

This practises detail; obligation (legal or contractual); responsibility (taking on responsibility); interrupting; sources of information (literary/written); concluding (from evidence); commitment (less binding); surprise (in general); reporting (second- and third-hand knowledge); topic (changing; narrowing).

Während des Besuchs hat sich Sonya Walsh mit Antje Dietz angefreundet. Die beiden besprechen Transportfragen im Büro von Antje Dietz. Übernehmen Sie die Rolle von Sonya Walsh im folgenden Dialog.

(a) *Tell Antje, Mr Lorimer wants further information about transport costs.*
Aber das wurde doch schon auf der letzten Konferenz in Abingdon besprochen.

(b) *Say that, according to the contract, Lewis Chemicals is responsible for them.*
Ja, genau. So ist es ja auch. Frau Heck hat …

(c) *Interrupt her politely and say it also states in the contract your firm is responsible for the costs from the border only.*
Was sagen Sie da?

(d) *Say it follows that PZ must organize transport to Ostend or Calais.*
Sind Sie ganz sicher? Ich muß noch mit Frau Heck darüber reden …

(e) *Ask if she really did not know that PZ had committed itself to this.*
Nein, das hat mir niemand gesagt. Entschuldigung, das muß Ihnen sehr seltsam vorkommen.

(f) *Say it doesn't surprise you; word has spread Frau Heck is not particularly interested in the project.*
Ja, da haben Sie recht – aber ich hab Ihnen nichts gesagt!

(g) *Say of course, matter closed. Suggest you talk about something else.*
Ja, bitte. Was will Herr Lorimer abends machen?

(h) *Say you have a small request: explain that Mr Lorimer wants to go to the theatre tomorrow. Would it be possible to get tickets?*
Ich glaube, das wäre kein Problem. Ich werde mich erkundigen.

Szene 6

This practises responsibility (giving someone responsibility); absence (being missed and missing something); absence (lack and shortage); existence (being present); availability (items in stock; use-by date); reporting (reaffirming the truth).

Kurz vor ihrer gemeinsamen Besprechung macht Herr Werner eine Betriebsbesichtigung mit Herrn Lorimer. Übernehmen Sie die Rolle von Herrn Werner.

(a) *Say you are responsible for all technical questions here.*
(b) *Say two colleagues are missing today. Consequently you won't be able to see everything.*
(c) *Ask Lorimer if his company too has a shortage of trained technical assistants.*
(d) *Say that this department is where the new glue is being developed.*
(e) *Explain that all experiments take place in the presence of the senior engineer.*

Übernehmen Sie nun die Rolle von Herrn Lorimer, der einige Fragen stellen möchte.

(f) *Ask how many trained chemists there are in the firm.*
(g) *Ask if a chemist is always on the spot if there is a problem.*
(h) *Say the stock of raw materials seems to be very large.*
(i) *Ask if the firm has all the chemicals needed for the project in stock.*
(j) *Ask if they really only have a shelf-life of three months.*

Szene 7

This practises asking for something to be done (emphasizing the importance of a task); availability (being out of/having run out of); opinion; absence (cancelled or failing to happen); future intentions; satisfaction (being satisfied and dissatisfied); thanking (informally); inviting somebody (issuing invitations).

Herr Werner and Herr Lorimer treffen sich im Büro von Frau Heck. Übernehmen Sie im folgenden Dialog die Rolle von Herrn Lorimer.

(a) *Say you have brought the advertising documents.*
Das ist ja hervorragend. Herzlichen Dank.

(b) *Say you would be grateful if Werner could check the technical detail.*
Selbstverständlich. Ich schaue sie mir gleich an.

(c) *Ask him if everything is OK.*
Ja, es sieht so aus . . . Ausgezeichnet!

(d) *Ask how much longer the developmental phase will last.*
Höchstens noch 3–4 Monate.

(e) *Ask when the old product is to be discontinued.*
Das soll erst nächsten November sein.

(f) *Ask whether he thinks it can be replaced by the new glue next spring.*
Das glaube ich nicht. Beide Produkte werden wahrscheinlich eine Zeitlang nebeneinander angeboten.

(g) *Tell him the planned exhibition in London has unfortunately had to be cancelled.*
Ja, das hatte ich schon gehört. Schade!

(h) *But say your Managing Director intends to organize an advertising campaign in the New Year.*
Das ist auch dringend nötig.

(i) *Tell him you are very satisfied with the collaboration with his team.*
Auch wir freuen uns über die Möglichkeit, mit einer so bekannten britischen Firma zusammenzuarbeiten.

(j) *Thank him for his tour of the factory and say he is welcome to visit the Abingdon site.*
Nichts zu danken. Ich würde mich ja freuen, einmal nach England zu fahren.

Szene 8

This practises health (ill health); pain.

Nach einem langen, schweren Tag fühlt sich Herr Lorimer unwohl. Er geht zur Apotheke. Übernehmen Sie die Rolle von Herrn Lorimer.

(a) *Tell the chemist you are not feeling well.*

(b) *Say you are afraid you have caught a cold.*

(c) *Say you have a cough.*

(d) *Tell him you do not have a temperature.*

(e) *But explain that you have a terrible headache.*

(f) *Ask if the chemist has anything for the cough and headache.*

Szene 9

This practises satisfaction (satisfactory achievements); objecting (putting somebody right in a polite way); describing (a state); apologizing (expressing regret); opinion; altering; advice (offering); rights (demanding one's); dimension; astonishment; quality.

Am nächsten Tag geht es Herrn Lorimer viel besser. Er hat eine Verabredung mit Frau Heck. Im folgenden Dialog übernehmen Sie die Rolle von Frau Heck.

(a) *Say the advertising documents are most convincing.*
Das freut mich. Wir haben lange daran gearbeitet.

(b) *But tell Lorimer you think he has made a mistake in the packaging.*
Ja, tatsächlich? Worum geht es denn?

(c) *Say he should have another look at the question of 'modern packaging'.*
Was stört Sie daran? Ist es etwa der Entwurf der Klebstofftube?

(d) *Say you realize the tube is still at the planning stage.*
Ja, allerdings in einem ziemlich fortgeschrittenen.

(e) *Express your regret, but say you are firmly convinced the whole design should be changed.*
Das wird uns aber viel Zeit kosten. Was genau würden Sie vorschlagen?

(f) *Advise against using the colours yellow and blue. Say you insist on the colours black, red and gold.*
Also die Farben kann man ohne weiteres ändern. Aber warum wollen Sie das?

(g) *Say you are surprised he does not know these are the German national colours.*
Ach, ja. Entschuldigung. Daran hatten wir ja nicht gedacht.

(h) *Express your view that the tube should only be 7cm. thick but almost twice as long as at present.*
Das wird doch komplizierter sein. Aber wenn Sie wollen . . .

(i) *Remind him finally that the tube must state what the glue consists of.*
Ja, ja, das ist uns schon klar.

Szene 10

This practises greeting (initial greeting); restaurant/café (finding a place to sit; ordering food and drink); food and drink (likes and dislikes); restaurant/café (getting the menu; consulting the waiter; dealing with problems).

Herr Schneider und Herr Lorimer treffen sich beim Mittagessen in einem Restaurant. Übernehmen Sie die Rolle von Herrn Schneider.

(a) *Greet the waiter and tell him you have a reservation.*
(b) *Ask Mr Lorimer if he would like to sit inside or outside on the terrace.*
(c) *Offer Mr Lorimer the menu and ask him what he would like.*
(d) *Ask him if he prefers beer or mineral water.*
(e) *Tell the waiter you wish to order.*
(f) *Ask the waiter what he recommends today.*
(g) *Say you will have the Soup of the Day for starters.*
(h) *Order 2 **Jägerschnitzel** with mixed salads for your main course.*

Nach fünfzehn Minuten ist die Suppe immer noch nicht da. Sie möchten wissen, warum. Sie stoßen dann auf ein weiteres Problem.

(i) *Call the waiter over to find out why it is taking so long and how much longer you will have to wait.*
(j) *Say your spoon is not clean. Get it changed.*

Szene 11

1. Teil

This practises wishes (with food and drink); convictions; disagreeing; reasons (justifying an action; naming the reason); complaining (making complaints).

Beim Essen besprechen Herr Lorimer und Herr Schneider das SuperBond-Projekt. Im folgenden Dialog übernehmen Sie die Rolle von Herrn Schneider.

(a) *Tell Mr Lorimer you hope he enjoys the meal.*
Danke, gleichfalls.

(b) *Find out what he thinks about the cost of the project.*
Ja, sie sind in letzter Zeit zwar gestiegen, aber ich finde sie noch in Ordnung.

(c) *Disagree with him. Say you think the cost cannot be justified.*
Warum meinen Sie das? Das müssen Sie doch begründen!

(d) *Find out what the reasons were for employing the new marketing consultant.*
Der Berater spielt doch eine wichtige Rolle bei der Vermarktung des Produkts.

(e) *Say your colleagues in PZ's marketing department have complained to Frau Heck about this.*

2. Teil

This practises responsibility (taking on responsibility); knowing; cause (interdependence); consequences; future intentions; restaurant/café (paying the bill).

Übernehmen Sie jetzt die Rolle von Herrn Lorimer, der Herrn Schneider beruhigen will.

(f) *Tell Herr Schneider your firm has taken over responsibility for marketing and sales because you have a larger distribution network.*

(g) *Say the new marketing consultant (female) knows the international market better than anyone else in the two firms.*

(h) *Tell him that the success of her work depends on the support of her German colleagues.*

(i) *Say that consequently she intends to visit the Mainz factory as soon as she can.*

(j) *Catch the waiter's attention.*

(k) *Say you will pay for everything.*

(l) *The bill comes to DM 85. Leave a tip of DM 5.*

Szene 12

This practises ability; anger; doubt (limited knowledge); agreeing; processes (hindering a process; starting a process); frustration; worry; obligation (acting contrary to); punctuality; help (asking for help); shaping a conversation (developing the current topic); asking for something to be done (errands); disappointment (at failing to do something).

Abends will Antje Dietz Sonya Walsh die Stadt zeigen, aber Frau Walsh will immer noch über die Arbeit sprechen. Übernehmen Sie die Rolle von Frau Walsh.

(a) *Say Frau Heck has apparently managed to annoy Mr Lorimer.*
Ja, anscheinend. Das wundert mich aber nicht.

(b) *Say, as far as you are aware, agreement had been reached on the packaging last year.*
Ja, aber ich habe Ihnen doch gesagt, Frau Heck würde sich am liebsten das ganze Projekt neu überlegen.

(c) *Say Frau Heck is preventing you starting the advertising campaign.*
Ach, ich glaube, es handelt sich nur um eine kleine Verzögerung.

(d) *Say Mr Lorimer is frustrated about it.*
Ja, das kann ich gut verstehen.

(e) *Explain he is worried about the contract.*
Wieso? Der Vertrag ist schon unterschrieben. PZ wird ja seinen Verpflichtungen nachkommen.

(f) *Explain that Mr Lorimer doesn't think PZ would default on the contract but fears rather that Lewis Chemicals would be in breach of contract if it could not start the marketing campaign at the right time.*
Na ja, vielleicht, aber ich bin ganz sicher, dazu wird es nicht kommen. Und nun vergessen wir die Arbeit – wohin geht's auf unserer Stadtbesichtigung?

(g) *Ask if she minds if you were to do it a little later. Explain that you must first get Mr Lorimer some plane tickets for Thursday.*

Ja, gut. Oder würden Sie es lieber ganz ausfallen lassen? Vielleicht sind Sie dann zu müde?

(h) *Say no, you don't want to miss the opportunity of getting to know the city.*

Gut, dann hole ich Sie um 6 Uhr vom Hotel ab.

Szene 13

This practises letter writing (formal openings; beginning a letter); regret; assuring (assurance of services); time (eventually); letter (finishing a formal letter).

Herr Lorimer ist nun wieder in Abingdon. Von Dr Birgit Gutmann in Berlin bekommt er eine Anfrage über das neue Produkt und entwirft einen Antwortbrief für seine Sekretärin. Übernehmen Sie die Rolle von Herrn Lorimer.

(a) *Start: 'Dear Dr Gutmann'.*
(b) *Thank her for her letter of 9 September.*
(c) *Say you are pleased she is interested in your new product 'SuperBond'.*
(d) *Say that unfortunately you will only be able to deliver in April.*
(e) *Assure her you will send some samples in the near future.*
(f) *Enclose a copy of your price list with the letter.*
(g) *Tell her to contact your colleague, Mr Adams, if she has any further queries.*
(h) *Say you are sure your new product will be of interest to her company.*
(i) *Tell her you hope this is of some help.*
(j) *Close the letter appropriately.*

Answer key

SECTION 1

1

1 Erst 1989 ist die alte DDR zusammengebrochen.
2 Jeden Tag sieht er acht Stunden fern.
3 Mit anderen Worten, ich bin gegen diese Idee.
4 Meiner Meinung nach ist das sehr gut möglich.
5 Also, Sie sind Deutscher?
6 Um die Wahrheit zu sagen, ich fand den Film langweilig.
7 Samstags spielt er Tennis.
8 Nach einer Stunde ist sie zurückgekommen.
9 Wie gesagt, Sie können mich anrufen.
10 Ja, das stimmt.

2

Ich habe nach dem Unfall die Polizei angerufen.
Nach dem Unfall habe ich die Polizei angerufen.
Die Polizei habe ich nach dem Unfall angerufen.
Angerufen habe ich nach dem Unfall die Polizei.
Angerufen habe ich die Polizei nach dem Unfall.

3

1 Wenn man Reiseschecks einlöst, muß man den Paß dabei haben.
2 Ob er heute kommt, weiß ich nicht.
3 Bis ich den Manager sprechen kann, bleibe ich hier.
4 Bevor das Essen serviert wurde, hatte sie eine Flasche Wein getrunken.
5 Wenn er dieses Spiel gewinnt, wird Bayern München Meister.

4

1 Ich konnte nicht schlafen, nachdem ich den ganzen Abend Kaffee getrunken hatte.
2 Das ist kein Problem, solange er ein gutes Gehalt hat.
3 Danke, ich esse keinen Kuchen, denn ich versuche abzunehmen.
4 Ich sage dir Bescheid, sobald er anruft.
5 Du kannst mit mir kommen, oder (du kannst) hier bleiben.
6 Ich habe stundenlang geübt, so daß ich das Stück auswendig kannte.
7 Man muß die Fahrprüfung bestehen, bevor man alleine fahren darf.
8 Er hat die ganze Zeit am Tisch gesessen, während ich das Essen gemacht habe.
9 Ich kann heute abend nicht kommen, da ich schon verabredet bin.
10 Du hast mich einmal angerufen, als du in Australien warst.

5

1 Obwohl sie unheimlich viel arbeitet, vergißt sie auch nicht ihre Freizeit.
2 Ob er die Stelle bekommen hat, weiß ich nicht.
3 Bis er das Geld zurückzahlt, muß er bei seinen Eltern leben.
4 Als sie aus dem Urlaub zurückkam, warteten Hunderte von Briefen auf sie.
5 Wenn du Interesse hast, können wir heute abend ins Theater gehen.

6

1 Ich bin sicher, daß er es bestimmt wird haben wollen.
2 Ich meine, daß er den Wagen nicht hätte kaufen sollen.
3 Er ist verschwunden, so daß ich das Essen habe bezahlen müssen.
4 Ich habe den Morgen frei bekommen, damit ich dich zum Flughafen fahren kann.
5 Wenn ich den Tag frei bekommen hätte, hätte ich mitfahren wollen.

7

1 Ich weiß nicht genau, wann der Film beginnt.
2 Ich frage mich, warum sie das gesagt hat.
3 Können Sie mir sagen, mit wem er ausgegangen ist?
4 Keiner konnte sagen, was für ein Auto das war.
5 Wissen Sie zufällig, wo ich hier eine Telefonzelle finde?
6 Man weiß ja nie, wie die Chancen stehen.
7 Ich habe keine Ahnung, woher das kommt.
8 Ich weiß schon, wem der Porsche gehört.
9 Es ist allgemein bekannt, welche die besten Universitäten sind.
10 Ich kann vielleicht erraten, wo du in letzter Zeit gewesen bist.

8

1	den	3	der	5	was	7	denen	9	der
2	der	4	dem	6	der	8	was	10	deren

9

1 Sie fährt jeden Tag mit dem Bus zur Arbeit.
2 Ich kaufte den Regenschirm gestern im Kaufhof.
3 Ich schreibe den Bericht morgen in aller Ruhe zu Hause.
4 Er fliegt wohl heute von Frankfurt. (*i.e. today, not tomorrow*)/Er fliegt heute wohl von Frankfurt. (*i.e. not from Stuttgart*)
5 Ich lese morgens im Zug die Zeitung.
6 Du kannst doch diesen Sommer bei uns arbeiten.
7 Fahren Sie jetzt langsamer diese Straße entlang!
8 Wir sagen Ihnen morgen telefonisch unsere Entscheidung.
9 Sie haben mir dieses Bilderbuch zum Geburtstag gekauft./Sie haben mir zum Geburtstag dieses Bilderbuch gekauft.
10 Sie hat letzte Woche sehr selbstbewußt auf der Konferenz gesprochen/Sie hat auf der Konferenz letzte Woche sehr selbstbewußt gesprochen.

10

1 Ich zeige meiner Kollegin den Bericht.
2 Ich zeige ihn ihr.
3 Ich zeige ihr den Bericht.
4 Ich zeige ihn meiner Kollegin.
5 Hast du dem Abteilungsleiter die Zahlen gesagt?
6 Hast du sie ihm gesagt?
7 Hast du ihm die Zahlen gesagt?
8 Hast du sie dem Abteilungsleiter gesagt?

9   Sie gab ihren Freunden die Diskette.
10   Sie gab sie ihnen.
11   Sie gab sie ihren Freunden.
12   Sie gab ihnen die Diskette.

11

1   Das Fest findet am kommenden Wochenende nicht statt.
2   Das Fest findet nicht am kommenden Wochenende statt.
3   Ich möchte jetzt nicht darüber sprechen.
4   Ich möchte nicht jetzt darüber sprechen.
5   Sie hat diesen Brief nicht schicken sollen.
6   Sie hat nicht diesen Brief schicken sollen.

12

1   Wissen Sie, wo sich die Fabrik befindet?
2   Er befindet sich in einer schwierigen Situation.
3   Gestern haben sich Manfred und Gabi verlobt.
4   Wissen Sie, warum sich das Buch so gut verkauft?
5   Es ist wichtig, sich Zeit zu nehmen, um die Zeitung zu lesen.

13

1 einen Cognac		3 die Verkaufszahlen		5 dem Chef
2 zwei Delegationen		4 Herr Roloff		

14

1 dir	3 dir	5 dich	7 dir	9 dich
2 dich	4 dir	6 dir	8 dir	10 dir

15

1   angesichts der/durch die/mit der Tatsache
2   außer mir/mit Ausnahme von mir/ohne mich
3   gegen diesen Bericht/laut diesem Bericht/statt dieses Berichts
4   während der/nach den/bis zu den Ferien
5   um jenes Schreiben/mit jenem Schreiben/aufgrund jenes Schreibens

16

1 ihrer Familie	5 mich	9 der Wohnung
2 dem Haus	6 meinem Bruder	10 die Wand
3 die Ecke	7 dieser Tatsache	11 dem ersten Juni
4 dem Konzert	8 mein Frühstück	12 diesem Vortrag

17

1 aufs Land	5 auf den Tisch	8 in den Kühlschrank
2 ins Regal	6 neben mich	9 auf dem Tisch
3 neben mir	7 in die Tasche	10 In der Küche
4 in einen Tunnel		

18

1 Ihrem Mann	5 dem Management	8 der Gefahr
2 den Mitgliedern	6 Eines Tages	9 vorige Woche
3 letzten Monat	7 das Geld	10 ihrer Mutter
4 eines Banküberfalls		

19

1	lauwarme Cola	4	dem Schuldirektor
2	teurem Sekt	5	Arbeitslosen
3	badischen Wein		

20

1	Klavier	6	der Rote Platz
2	der Kapitalismus	7	aus dem Bett
3	an den Fortschritt	8	an Lungenkrebs
4	Die Zeit	9	vor dem Abendesssen
5	Das Frankfurt	10	am Mittwoch

21

der: Verteiler, Fabrikant, Sozialist, Lehrling, Juli, Konkurrent, Monetarismus, Faschismus, Interessent, Frühling.

die: Konkurrenz, Identität, Fabrik, Verteilung, Marionette, Opposition, Freundschaft, Tiefe, Fahrlässigkeit, Brisanz, Mühsal.

das: Studium, Testament, Fabrikat, Faktum, Drittel, Teilchen, Bürgertum, Telefonat, Gymnasium.

22

1	der Fenstersitz	4	das Abendgymnasium
2	die Radiosendung	5	die Fensterscheibe
3	das Sommerkleid		

23

1 (a) des Sommers, (b) der Sommer
2 (a) des Franzosen, (b) der Franzosen
3 (a) des Namens, (b) der Namen
4 (a) des Tisches, (b) der Tische
5 (a) des Menschen, (b) der Menschen
6 (a) des Verdienstes, (b) der Verdienste
7 (a) des Jungen, (b) der Jungen
8 (a) der Tür, (b) der Türen
9 (a) des Gedankens, (b) der Gedanken
10 (a) des Flusses, (b) der Flüsse

24

1	die Gaben	10	die Chefinnen	19	die Filme
2	die Tage	11	die Interessenten	20	die Verteiler
3	die Kuriositäten	12	die Dateien	21	die Läden
4	die Konkurrenten	13	die Soziologen	22	die Fakten
5	die Regelmäßigkeiten	14	die Störungen	23	die Schecks
6	die Interferenzen	15	die Ingenieure	24	die Kindlein
7	die Kommunisten	16	die Fahrer	25	die Hände
8	die Kliniken	17	die Durchsagen		
9	die Mechaniker	18	die Intendanten		

25

1	Er paßt nicht.	3	Wann macht sie auf?	5	Es ist gesperrt.
2	Sie gefallen mir.	4	Was kostet er?		

26

1	meins	3	Ihre	5	eurer
2	ihrer	4	deinen		

27

1	ihn	3	sie	5	ihr	7	ihr	9	ihnen
2	sie	4	ihn	6	ihnen	8	ihm	10	ihm

28

1	über ihn	3	damit	5	von ihm
2	davon	4	mit ihm		

29

1. (a) macht, (b) machte
2. (a) testet, (b) testete
3. (a) interviewt, (b) interviewte
4. (a) denkt, (b) dachte
5. (a) bringt, (b) brachte

30

1. (a) spricht, (b) sprecht
2. (a) weiß, (b) wißt
3. (a) hat, (b) habt
4. (a) wird, (b) werdet
5. (a) nimmt, (b) nehmt
6. (a) fährt, (b) fahrt
7. (a) gibt, (b) gebt
8. (a) schläft, (b) schlaft
9. (a) läuft, (b) lauft
10. (a) bricht, (b) brecht
11. (a) hilft, (b) helft
12. (a) hält, (b) haltet
13. (a) fängt, (b) fangt
14. (a) sieht, (b) seht
15. (a) fällt, (b) fallt

31

1	Hat	5	Haben	9	Bist	13	ist	17	Haben
2	Hast	6	Habt	10	Habt	14	habe	18	sind
3	Hast	7	sind	11	ist	15	hat	19	ist
4	Seid	8	Ist	12	hat	16	bin	20	Haben

32

1. (a) kann, (b) konnte
2. (a) will, (b) wollte
3. (a) darf, (b) durfte
4. (a) soll, (b) sollte
5. (a) läßt, (b) ließ

33

1. Sie hat alles gut verstehen können.
2. Sie hat nicht sehr gut Spanisch gekonnt.
3. Ich habe diese Party nicht gewollt.
4. Ich habe die Jacke nicht kaufen wollen.
5. Du hättest ihm nichts davon sagen sollen.
6. Ohne dieses Geld hätte ich gar nicht studieren können.
7. Ohne diese laute Musik hätte sie alles gut verstehen können.
8. Ich wollte nichts sagen, aber ich habe es doch tun müssen.

34

1. Sie muß nicht kommen./Sie braucht nicht zu kommen.
2. Er braucht nicht zu kommen.
3. Sie dürfen nicht kommen.
4. Dürfen/Können wir hier schwimmen?
5. Ich sollte schreiben.
6. Ich soll (eigentlich) schreiben.

35

1　Wenn ich in Deutschland wäre, ...
2　Wenn wir nächste Woche nach Deutschland gingen/gehen würden/führen/fahren würden ...
3　Wenn ich morgen kein Geld hätte ...
4　Ich hätte das Geld, wenn ...
5　Ich hätte das Geld gehabt, wenn ...
6　Sie wäre gekommen, wenn ...
7　Wir hätten geschrieben, wenn ...
8　Er wäre nach München gegangen/gefahren, wenn ...
9　Ich hätte nach Deutschland gehen/fahren können, wenn ...
10　Ich hätte kein Geld haben können, wenn ...
11　Sie hätte nach Deutschland gehen wollen.
12　Er hätte den Wagen/das Auto kaufen können.
13　Ich hätte das sagen sollen.
14　Sie hätten diesen Brief nicht schreiben sollen.
15　Wir hätten nicht rauchen dürfen.

36

separable:　　ankommen, abfahren, aufgehen, mitfahren, vorkommen, mitschreiben.
inseparable:　bekommen, vergehen, befahren, zerfahren, entkommen, erfahren, beschreiben.
possibly both:　umfahren (*sep.* = to run (sb.) over; *insep.* = to avoid/travel round), umgehen (*sep.* es geht um = it is spreading (e.g. a rumour, a disease); *insep.* = to circumvent), umschreiben (*sep.* = to rewrite, *insep.* = to paraphrase).

37

1　umgangen – inseparable	6　benommen – inseparable
2　abgefahren – separable	7　aussortiert – separable
3　erfahren – inseparable	8　umgegangen – separable
4　umgeschrieben – separable	9　verspürt – inseparable
5　aufgenommen – separable	10　umschrieben – inseparable

38

1　(a) verschläft, (b) verschlief, (c) verschlafen
2　(a) schläft ein, (b) schlief ein, (c) eingeschlafen
3　(a) bespricht, (b) besprach, (c) besprochen
4　(a) schneidet aus, (b) schnitt aus, (c) ausgeschnitten
5　(a) vernimmt, (b) vernahm, (c) vernommen
6　(a) bricht ein (b) brach ein, (c) eingebrochen
7　(a) begreift, (b) begriff, (c) begriffen
8　(a) verbricht, (b) verbrach, (c) verbrochen
9　(a) versteht, (b) verstand, (c) verstanden
10　(a) begeht, (b) beging, (c) begangen
11　(a) stößt aus, (b) stieß aus, (c) ausgestoßen
12　(a) erfährt, (b) erfuhr, (c) erfahren
13　(a) fährt ab, (b) fuhr ab, (c) abgefahren
14　(a) besitzt, (b) besaß, (c) besessen
15　(a) beschreibt, (b) beschrieb, (c) beschrieben

39

1 Du kannst es dir noch eine Woche überlegen, wenn du willst.
2 Ich kann mir deine Eltern kaum vorstellen.
3 Ich glaube, Sie irren sich.
4 Ich muß mich mit Ihnen unterhalten.
5 Ich habe mich in dich verliebt.
6 Du hast dir einen PC gekauft?
7 Was bildest du dir ein?
8 Bewirbst du dich um die Stelle?
9 Ich muß mich noch rasieren.
10 Ich muß mir noch das Gesicht waschen.

40

1	mit	5	vor	9	vor	13	mit	17	mit
2	an	6	zu	10	nach	14	auf	18	über
3	für	7	über	11	zu	15	an	19	auf
4	um/für	8	über	12	vor	16	um	20	um

41

1	an dem/am	6	an dem/am	11	Ihr	16	der
2	einer wichtigen	7	das	12	diese	17	diesem
3	zwei Teilen	8	die	13	der	18	meinen
4	das alte	9	den	14	jeden	19	seinem
5	die	10	einem	15	dieses	20	die

42

1 er habe; er hätte
2 sie sei; sie wäre
3 man werde; man würde
4 es gehe; es ginge
5 es könne; es könnte
6 du seiest gegangen; du wärest gegangen
7 sie habe gesagt; sie hätte gesagt
8 er habe fahren können; er hätte fahren können
9 du habest nichts sagen wollen; du hättest nichts sagen wollen
10 er habe es kaufen wollen; er hätte es kaufen wollen

43

1 Die Geschwindigkeit der Autos wird von der Polizei kontrolliert.
2 Das ganze Geld ist von meinem Bruder ausgegeben worden.
3 Die alten Batterien werden von der Werkstatt geprüft.
4 Die alten VWs werden immer noch gekauft.
5 Eine schöne Wohnung in der Stadtmitte wurde von ihr gemietet./Eine schöne Wohnung wurde von ihr in der Stadtmitte gemietet.
6 Die Illustrierte wird dienstags gebracht.
7 Der Reifen wird später abgeholt.
8 Deutsche Exporte werden durch die Aufwertung der DM teurer gemacht.
9 Das Zimmer ist vor zwei Monaten von mir gebucht worden.
10 Wir wurden durch einen reinen Zufall zusammengebracht.
11 Gestern wurde der Franz von deiner Mutter zum Bahnhof gebracht.
12 Dieser Brief muß von dir geschrieben werden.

13 Es wurde ihr/Ihr wurde schon damals nicht geglaubt.
14 Durch seinen Entschluß war alles riskiert worden.
15 Da das Auto von ihm illegal geparkt worden war, war es von der Polizei abgeschleppt
     worden.

44

1	Nimm es!/Nehmt es!	6	Mach/Macht den Fernseher an!
2	Gib es mir!/Gebt es mir!	7	Hab/Habt bitte Verständnis!
3	Beschreib es!/Beschreibt es!	8	Sei/Seid bitte geduldig!
4	Teste es!/Testet es!	9	Sprich/Sprecht doch langsamer!
5	Sag ab!/Sagt ab!	10	Hilf/Helft mir!

45

1 Es fehlt ihm nur das Geld.
2 Es spielen Becker und Agassi im Finale./Es spielen im Finale Becker und Agassi.
3 Es könnten hier weitere Beispiele genannt werden./Es könnten weitere Beispiele hier
   genannt werden.
4 Es besteht in dieser Gegend Brandgefahr.
5 Es dürfen andere Gründe dazu geführt haben.

46

1 Es gelang mir/Es ist mir gelungen, den Flug umzubuchen.
2 Es wird ihr gelingen, den Flug umzubuchen.
3 Es ist ihnen gelungen, den Flug umzubuchen.
4 Es gelang dir/Es ist dir gelungen, den Flug umzubuchen.
5 Es war uns gelungen, den Flug umzubuchen.

47

1   Der neue Volkswagen ist nicht billig.
2   Ein neuer VW kostet fünfzehntausend Mark.
3   Mein alter VW hat nur achthundert Mark gekostet.
4   Die alten VWs waren gut.
5   Die alten VWs waren die besten Autos der Welt.
6   Dieser rote VW ist jetzt dreißig Jahre alt.
7   Ist jeder neue VW heute so gut?
8   Alle neuen VWs sind schön.
9   Viele neue VWs haben Airbag.
10 Alte VWs waren besser gebaut.

48

1   Der neue Chef kommt morgen.
2   Ein neuer Chef bringt immer neue Ideen.
3   Er hat kein Geld – das alte Problem!
4   Italienischer Wein ist nicht teuer.
5   Alle diese schönen Ideen sind von ihr gekommen.
6   Bei allen/all unsren Freunden ist es auch so.
7   Das ist für mich kein großes Problem.
8   Hast du schon unser neues Haus gesehen?
9   Ich wünsche dir alles Gute!
10 Hat er etwas Wichtiges gesagt?
11 Das ist kein schlechtes Bier.
12 Helles Bier empfehle ich dir.
13 Mit dunklem Bier kann ich nichts anfangen.

14 Es gibt einige kleine Probleme.
15 Infolge eines schlimmen Unfalls gibt es Staus auf der neuen Autobahn.
16 Er ist mit nichts Neuem zurückgekommen.
17 Hier gibt es allerlei Interessantes aber nichts Billiges.
18 Der Preis guten französischen Weins ist nicht so hoch.
19 Aber der hohe Preis dieses französischen Weins ist unverschämt.
20 Wo hast du dieses super Kleid gefunden?

49

1 Die hohen Kosten ...	6 ... in diesem rosa Anzug
2 Die Berliner Mauer ...	7 ... einen dunklen Pulli
3 Mit dieser super Leistung ...	8 ... ein schöner, edler Gedanke!
4 In der Frankfurter Innenstadt ...	9 ... für teures Geld ...
5 ... in ganz Deutschland beliebt	10 ... in aller Welt bekannt

50

1 billiger, am billigsten	6 unverschämter, am unverschämtesten
2 kälter, am kältesten	7 näher, am nächsten
3 klüger, am klügsten	8 wärmer, am wärmsten
4 größer, am größten	9 jünger, am jüngsten
5 beliebter, am beliebtesten	10 höher, am höchsten

51

1 Dieser *von BMW entwickelte* Motor ist revolutionär.
This engine developed by BMW is revolutionary.
2 Die *von BMW übernommene* Rover-Gruppe hatte vorher mit Honda zusammengearbeitet.
The Rover Group, which was taken over by BMW, had previously collaborated with Honda.
3 Es ist eine *mit vielen Nachteilen verbundene* Praxis.
It is a practice which is tied up with many disadvantages.
4 Die *um eine bessere Umwelt kämpfenden* Ökologen haben die deutsche Politik stark beeinflußt.
The environmentalists/ecologists fighting for a better environment have had a great influence on German politics.
5 Wasser- und Windenergie ist eine *sich ständig erneuernde* Energiequelle.
Water and wind energy is an energy source which constantly renews itself.

52

1 Worüber?	3 Worin?	5 Wovon?
2 Wodurch?	4 Wonach?	

53

1 Du sprichst fließender als die anderen Ausländer. Du sprichst am fließendsten.
2 Der Amerikaner sprang höher als der Franzose und der Brite. Er sprang am höchsten.
3 Die neuen Maschinen sind leistungsfähiger als die alten. Sie sind am leistungsfähigsten.
4 Sind deutsche Autos besser gebaut als andere? Sind sie am besten gebaut?
5 Ich würde lieber in einem erstklassigen Hotel bleiben. Ich würde am liebsten dort bleiben.

54

1	coldness	11	testable
2	what was said	12	not nice
3	the (male) uninsured person	13	hostile to Germany, germanophobe
4	the (female) person moving house as well	14	without any credit
5	agreeable, digestible	15	with not much credit
6	contractual	16	imaginative
7	motherhood/maternity	17	richly deserved
8	according to plan	18	by-product
9	the university system	19	feasibility
10	to remove the colour, bleach	20	a through train

55

1	traffic statistics	6	(task of) looking after guests
2	depth psychology	7	engine manufacturer
3	potential for growth	8	advertising campaign
4	obstacle to growth	9	difference in size
5	(task of) looking after students	10	management of the company

56

1	Drehmaschine*n*hersteller	7	Häufigkeit*s*kurve
2	Herstellung*s*technik	8	Straße*n*kreuzung
3	Arbeit*s*tisch	9	Geburtstag*s*geschenk
4	Arbeit*s*zimmer	10	Wohnung*s*bau
5	Alltag*s*leben	11	Wohnung*s*not
6	Küche*n*fenster	12	Regierung*s*krise

57

1 Es ist wichtig, rechtzeitig anzukommen.
2 Ich habe vor, ihn zu verwöhnen.
3 Es ist schwierig, diese Frage kurz zu beantworten.
4 Ich habe versucht, ihn zu ermutigen.
5 Er beabsichtigt, den Vertrag heute abzuschließen.
6 Versuchen wir, unser Geld zusammenzulegen.
7 Hören Sie auf, mir zu widersprechen!
8 Es ist nicht schwierig, dieses Gesetz zu umgehen.
9 Es ist wichtig, nicht zu verschlafen.
10 Er hatte immer die Absicht, ein paar Worte hinzuzufügen.

58

1 Ich habe (es) gebucht.
2 Das Reisebüro hat den Flug gebucht.
3 Wir müssen (es) vorbereiten.
4 Ich brauche etwas mehr Zeit, um auszuwählen/um zu wählen.
5 Diese Gesellschaft pflegt kulturelle Beziehungen zwischen Ost und West.
6 Den kenn' ich nicht.
7 Weiß ich nicht.
8 Hab' ich noch nicht.
9 Das Geld ist endlich durchgekommen nach all diesen langen Telefonaten.
10 Weißt du, daß sie gleich am nächsten Tag ausgezogen ist mit seinem ganzen Geld und der Stereoanlage?

59

1	dass	6	Teater/Theater
2	wie viel	7	Staub saugen
3	erste Hilfe	8	im Großen und Ganzen
4	Packet	9	irgend jemand
5	gestern Vormittag	10	Fluss

60

Minister ermuntert Forscher zum Austausch:
Die Innovationsschwäche der deutschen Industrie beruht nach Überzeugung des baden-württembergischen Wissenschaftsministers Klaus von Trotha überwiegend auf Kommunikationsproblemen. Der Transfer von Wissen und Technologie aus den Forschungseinrichtungen in die Unternehmen sei weniger eine Frage des Geldes als vielmehr einer effizienten Information, Koordination und Organisation, sagte von Trotha bei der Vorlage des Landesforschungsberichts 1995. Vor Medienvertretern bemängelte der Minister, sowohl die Kommunikation der Wissenschaftler untereinander als auch zwischen Wissenschaft und Wirtschaft lasse zu wünschen übrig. In diesem Zusammenhang verwies er auf einen namentlich nicht genannten Spitzenforscher, der auf die Frage nach dem wichtigsten Buch in seiner Bibliothek geantwortet habe: 'das Telefonbuch'.

(Stuttgarter Zeitung, 12. September 1995)

SECTION 2

Greeting, making introductions, taking leave

1

SIMON:	Hallo Martin/Guten Tag, Martin, es geht, aber ich bin ein bißchen müde, denn ich bin gerade (erst) von einem Wochenende zu Hause in England zurückgekommen/wiedergekommen.
SIMON:	Martin, das ist Charlotte/ich möchte dir Charlotte vorstellen. Sie ist Schottin und ist erst letzte Woche aus London gekommen. Sie bleibt das (ganze) Semester hier.
CHARLOTTE:	Hallo Martin/Guten Tag, Martin. Ich kann ein bißchen deutsch. Ich habe gehört, daß du Ostern in Aberdeen warst. Bist du das erste Mal dortgewesen/War das dein erster Besuch? Und hat man dir ein herzliches Willkommen bereitet?/Wurdest du dort nett empfangen?
CHARLOTTE AND SIMON:	Ja, das wäre schön./Ja, prima.
SIMON:	Grüß auch Ahmed von mir. Ich hoffe, er kommt heute abend auch.
SIMON:	Also um 8 (Uhr)?/Sollen wir uns um 8 Uhr treffen?/Paßt euch 8 Uhr?/Ist euch 8 Uhr recht?
CHARLOTTE AND SIMON:	Tschüß dann./Auf Wiedersehen./Bis später (dann).

2

1(b), 2(c), 3(b), 4(b)

3

1   Wie schreibt man Ihren Namen, bitte?
    Schäfer, das ist Siegfried, Cäser, Heinrich, ä, Friedrich, Emil, Richard.

2   Danke für Ihren Anruf.
    Auf Wiederhören.

3   Wir fahren morgen nach Paris.
    Gute Reise dann.

4   Es ist schon spät.
    Wir müssen jetzt wirklich gehen.

5   Wie heißen Sie bitte?
    Mein Name ist Franz.

Eating and drinking

4

CHARLOTTE:	Rudi, gibt es hier eine Nichtraucherecke?
RUDI:	Ja, da drüben in der Ecke. Oder möchtest du lieber draußen sitzen?
CHARLOTTE:	Ich sitze lieber drinnen/möchte lieber drinnen sitzen. (Schaut mal,) da drüben ist ein Tisch frei/ein freier Tisch.
AHMED:	(Kommt,) laßt uns dort sitzen.
RUDI:	(Also), ich habe auch Hunger/bin auch hungrig. Ich möchte die/eine Wurstplatte und ein Bier.
AHMED:	Etwas zu essen ist eine gute Idee. Ich möchte aber etwas ohne Alkohol/ein alkoholfreies Getränk, Cola vielleicht/vielleicht eine Cola. Rudi, kannst du mir bitte die Speisekarte (rüber)geben?
CHARLOTTE:	Wir haben schon (zu abend) gegessen, aber wir möchten gerne ein Eis. Ahmed, kann ich auch (mal) die Speisekarte sehen/haben, bitte? Ich will/möchte sehen, was für Eissorten es hier gibt.
SIMON:	Ich habe großen Durst/bin sehr durstig. Ich brauche ein kühles Bier. Aber ich habe (immer) noch Hunger. Rudi, was sind (denn) Maultaschen?
RUDI:	Das sind gefüllte Nudeln. Wir haben Ungekochte auf dem Weg zum Löwen im Schaufenster der Fleischerei/Metzgerei gesehen.
SIMON:	Dann/In diesem Fall esse ich doch lieber ein einfaches Schinkenbrot.

5

1   gerne
2   lieber ... als
3   schmeckt ... gut/ißt ... gern/mag ... gern
4   gern
5   gut
6   probieren
7   mag/esse
8   schmeckt

Giving and receiving compliments

6

1   Dein neuer Rock ist toll.
2   Dein Makeup gefällt mir.
3   Ich finde dein Haar/deine Haare sehr elegant.
4   Deine Wohnung ist sehr gemütlich.
5   Du spielst wirklich gut Klavier.
6   Das war eine herrvorragende Leistung/Aufführung.
7   Du sprichst/kannst wirklich gut Englisch.
8   Dieser Kuchen ist lecker.

7

Danke, das freut mich. Danke für das Kompliment.
for 1:   Danke, gefällt er dir?
for 4:   Danke, gefällt sie dir?
for 8:   Danke, schmeckt er dir?

Expressing commiseration

8

1	Es tut mir	4	nachfühlen/nachempfinden
2	Armer; Pech	5	schlimm
3	Verständnis	6	Trost

Expressing good wishes

9

1   Herzlichen Glückwunsch zum Geburtstag.
2   Gute Besserung (, Ahmed).
3   Alles Gute./Viel Glück bei der Prüfung!
4   Alles Gute in der neuen Wohnung.
5   Prost!/Zum Wohl!
6   Guten Rutsch!/Alles Gute zum Neuen Jahr!/Prosit Neujahr!
7   Gute Nacht, schlaft gut!
8   Herzlichen Glückwunsch zum neuen Baby.

Giving and receiving thanks, expressing appreciation

10

1(d), 2(c), 3(e), 4(h), 5(g), 6(i), 7(f), 8(b), 9(a)

11

SIMON: Danke für deine Hilfe. Ich glaube, das ist jetzt alles.
SIMON: (Nein), danke. Es ist nett, daß du mir geholfen hast/Das ist sehr freundlich, daß
                du mir heute geholfen hast/Das ist sehr lieb, daß du mir heute geholfen hast.

Expressing apologies and regret

12

RUDI:	Es tut mir leid ...
SABINE:	Entschuldigung/Es tut mir leid ...
CLARE:	Es tut mir leid ...
CHARLOTTE:	verzeihen
SIMON:	Verständnis
KATRIN:	Leider ...

Talking and enquiring about existence

13

1 ist
2 bin's
3 anwesend/zur Stelle
4 zur Stelle
5 (der) Anwesenheit/im Beisein
6 gibt es; zu
7 dabei/da/dort
8 sein/passieren
9 Vorkommen/Vorhandensein
10 befindet sich
11 ist; zu
12 Finder
13 am; begleiten
14 mit mir

Talking and enquiring about absence and non-existence

14

1 ist ... nicht da/ist ... nicht anwesend
2 fehlt
3 vermißt/sucht
4 Mir/fehlen/Es fehlen
5 verpaßt
6 an
7 knapp
8 ab/weg/verloren
9 abgerissen
10 ausgerottet
11 umgezogen/(verreist)/ausgezogen/weggezogen
12 verlassen
13 alle/aus
14 -frei
15 verzichten
16 schwieg
17 ausfallen/verschoben werden/abgesagt werden

Expressing and enquiring about availability

15

1 leihe/(borge); Ihnen
2 gestellt
3 stehen Ihnen
4 auf Lager/im Haus
5 noch mehr/auf Vorrat
6 zur Hand/parat/dabei
7 (heran)kommt
8 geschafft
9 erhältlich/zu haben/zu kaufen
10 bestellen/anfordern/kaufen
11 haben/borgen/leihen
12 mieten
13 frei/Zeit
14 haltbar

Talking about non-availability

16
1 haben/benutzen/leihen
2 abhanden
3 ausgegeben/verbraucht
4 ausgetrunken/ausgegossen

17
1 leer
2 frei
3 noch da/noch nicht abgefahren
4 sind (alle) ausgebucht/gibt es keine Plätze mehr
5 unverkäuflich/nicht zu kaufen/kann man nicht kaufen
6 haben keine Badeanzüge mehr/Badeanzüge sind nicht mehr da/sind ausverkauft
7 ledig/unverheiratet/(noch zu haben)
8 alle vergriffen/schon alle Exemplare ausverkauft/schon alle Exemplare verkauft/Der neue Bestsellerroman ist schon vergriffen.

18
1 Er ist mit dem Bericht beschäftigt.
2 Sie hat drei Kinder. Sie hat viel zu tun.
3 Der Manager/Abteilungsleiter ist im Augenblick/im Moment/gerade am Telefon.
4 Der Besitzer ist unterwegs/nicht da/nicht zu Hause.
5 Er ist gerade mit seinen Kollegen in die Kneipe gegangen.

19
Gespräch im Buchladen

THOMAS:	befindet sich
VERKÄUFER:	ist
BUCHHÄNDLERIN:	ist nicht da
THOMAS:	bestellen
BUCHHÄNDLERIN:	brauchen
BUCHHÄNDLERIN:	auf Lager
BUCHHÄNDLERIN:	vorrätig
THOMAS:	Schade
BUCHHÄNDLERIN:	ausverkauft
BUCHHÄNDLERIN:	vergriffen
THOMAS:	passiert; weg
BUCHHÄNDLERIN:	vorkommen; vorrätig
THOMAS:	bekommen; beziehen
BUCHHÄNDLERIN:	erhältlich
THOMAS:	(aus)leihen
THOMAS:	ausgegeben; bei Kasse

Identifying and seeking identification

20
1 Wo ist Ihr Hauptwohnsitz?
2 Welche Augenfarbe haben Sie?
3 Wie ist Ihre Telefonnummer?
4 Kommen Sie aus einem Land in der EU/einem EU Land?
5 Wie groß sind Sie?
6 Haben Sie Kinder?
7 Woher haben Sie das weiße Pulver?

21

1 Ich habe meinen Hauptwohnsitz in Freiburg/Ich wohne in Freiburg und studiere da.
2 Meine Augenfarbe ist dunkelbraun./Ich habe dunkelbraune Augen.
3 Ich habe kein Telefon/keinen Telefonanschluß.
4 Ich bin aus/komme aus Großbritannien.
5 Ich bin 1,78m (einen Meter achtundsiebzig) groß.
6 Nein, ich habe keine Kinder.
7 Das habe ich aus einer/der Drogerie. Es ist für meine wunden Füße.

Describing people

22

1	beschreiben	7	Deutsch (sprechen/verstehen)
2	Eigenschaften/Züge	8	Klavier
3	Stärken; Schwächen	9	Begabung
4	unsympathisch	10	hochbegabten
5	gern	11	gut gelaunt/guter Laune
6	pflegte	12	beeindruckt

23

1 Seine Schwester ist Kellnerin.
2 Mein Bruder ist Zimmermann/Schreiner von Beruf.
3 Meine Nichte arbeitet als Beraterin in einer Firma.
4 Die meisten von uns arbeiten als Teilzeitkräfte/Teilzeitkraft.
5 Feuerwehrleute erkennt man an ihrer Uniform/sind an . . . zu erkennen.
6 Er ist ein erfahrener Pilot.

24

1 Sie kennen sich schon seit der Schule/seit sie in der Schule waren.
2 Wie hast du deine Verlobte kennengelernt?
3 Bevor wir das Geschäft zusammen aufgemacht haben, waren mein Bruder und ich gute Freunde.
4 Alle ihre früheren Kommilitonen/Studienfreunde kamen zur Eröffnung des neuen Gebäudes.

25

1	verwandt	4	geschieden	7	verabreden
2	sich; kennengelernt	5	Verhältnis zu mit	8	ist; begegnet/
3	Stieftochter	6	getroffen		hat; getroffen

26

1 In diesem Kostüm/In diesen Kleidern sieht meine Chefin sehr schlank aus/wirkt meine Chefin sehr schlank.
2 Ulla achtet auf ihr Äußeres.
3 Mein Bruder sieht wie ein Filmstar aus.
4 Der rote Pullover steht dir sehr gut.
5 Man sieht dir an der Kleidung an, daß du die ganze Nacht aus/draußen warst.

Describing objects

27

1	verbindet	5	Quadrat-	8	geändert
2	geometrische Formen	6	hoch	9	wiegen
3	groß	7	paßt	10	Zustand
4	so; wie				

Describing actions and processes

28

1	tun/machen	3	getan
2	machen	4	passiert/geschehen

29

1	geht	5	abstellen
2	fangen ... an	6	beendet
3	stellt ... an	7	wiederholen
4	vergrößert		

30

zuerst, anstellen, dann, geben, dann, dazu, danach, hinzufügen, zudecken, danach, stellt, lang, bis, nimmt, aus, stehen, bevor

31

Wohnzimmerteppich

VERKÄUFER:	groß
FRAU W:	etwa/ungefähr; mal
VERKÄUFER:	Quadratmeter
VERKÄUFER:	Qualität
FRAU W:	Anteil
VERKÄUFER:	Güte
FRAU W:	passen
VERKÄUFER:	gemustert
FRAU W:	einfarbig
VERKÄUFER:	zu allem
VERKÄUFER:	ausmessen; dauert; anfangen/beginnen

Avoiding describing the agent of actions and processes

32

1 Man hat mir die falsche Rechnung geschickt.
2 Diese Tür läßt sich nicht abschließen.
3 Die roten Beeren kann man nicht essen.
4 Es mußte gewaschen und geputzt werden.
5 Die Briefe sind abzuschicken.

33

1 ist zu bezahlen, muß bezahlt werden. Jemand muß den Campingplatz/ihn bezahlen.
2 sind zu säubern, müssen gesäubert werden. Jemand muß ... säubern.
3 ist auszufegen, muß gefegt werden. Jemand muß ... fegen.
4 ist abzubauen, muß abgebaut werden. Jemand muß ... abbauen.
5 ist wegzubringen, muß weggebracht werden. Jemand muß ... wegbringen.

6 ist zu spülen, muß gespült werden. Jemand muß . . . spülen.
7 sind zu packen, müssen gepackt werden. Jemand muß . . . packen.
8 sind aufzurollen, müssen aufgerollt werden. Jemand muß . . . aufrollen.
9 sind zu stecken, müssen gesteckt werden. Jemand muß . . . stecken.

Describing origins and provenance

34

1 Der Herkunftsort des Ringes kann nicht festgestellt werden/ist nicht festzustellen/Den Herkunftsort . . . kann man nicht feststellen.
2 Wo war denn der Ausgangspunkt der Autorally?
3 Der Fußweg führte ursprünglich am Fluß entlang.
4 Der Berg entstand vor der Eiszeit.
5 Der Präsident war irischer Herkunft/Abstammung/war seiner Herkunft nach Ire.
6 Das Dorf wurde wahrscheinlich von Ruzilo gegründet.
7 Ist der Laden gekauft oder geerbt (worden)?
8 Die Verse für das Volkslied stammen wahrscheinlich von Heine.
9 Der Schriftsteller hat das Copyright/Urheberrecht verkauft.

35

1 Woher kommt/ist der Kupferkessel?
2 Wie alt ist das Ölgemälde/aus welchem Jahrhundert stammt das Ölgemälde?
3 Wo/In welcher Manufaktur wurde das Täßchen hergestellt?
4 Woher haben Sie die Münzen?/Von wem haben Sie die Münzen geerbt?
5 Von wem/Woher stammt dieser Helm?

Giving reason and purpose

36

1	da/weil	3	Deshalb	5 nämlich
2	weil/da	4	weil/da	

37

1	damit	3	um . . . zu
2	damit	4	um . . . zu

Providing spatial context

38

1 Wo hast du den Friedhof gesehen?
2 In welchen Ländern braucht man ein Warndreieck?
3 Von meiner Bank (bis) zum Supermarkt sind es ungefähr 100 Meter./Der Supermarkt ist etwa 100 Meter von meiner Bank entfernt./Die Entfernung zwischen dem Supermarkt und meiner Bank beträgt etwa 100 Meter.
4 Wie weit ist Bremerhaven von Bremen entfernt?/Wie weit ist es von Bremerhaven nach Bremen?
5 Wie lange braucht man mit dem Auto von Leipzig nach Frankfurt am Main?
6 Von der Burg da drüben kann man den Rhein sehen./Der Rhein ist von der Burg da drüben zu sehen.
7 Die anderen Wanderer waren vor(aus)gegangen.
8 Wo hast du meine Autoschlüssel hingetan/hingelegt?

9 Würdest Du/Könntest Du bitte herunterkommen und zur Bank hinübergehen?
10 Sind die Passagiere/Mitfahrer in alphabetischer Reihenfolge aufgeführt?

Providing temporal context

39

1 im Augenblick/momentan
2 Zur Zeit
3 gerade/soeben
4 kürzlich/vor kurzem

5 Letzte
6 bald/demnächst
7 in acht Tagen
8 werktags

40

1 nicht mehr
2 viel zu früh

3 nie
4 Nach

5 oft/öfters/häufig
6 zur rechten

Talking about cause and effect

41

1 Wenn es regnet, fällt das Feuerwerkskonzert aus/wird das Feuerwerkskonzert abgesagt.
2 Je später der Abend, desto lauter ist/wird die Musik.
3 Der Lungenkrebs war durch (das) Rauchen verursacht worden./Der Lungenkrebs ist auf (das) Rauchen zurückzuführen.
4 Das Bußgeld/Die Geldstrafe hat seine/ihre (gewünschte) Wirkung verfehlt.
5 Bewirkt das Gießen der kleinen Pflanzen, daß sie schneller wachsen?
6 Infolge/Wegen des Eisenbahnerstreiks hat die Firma (leider) große Verluste gemacht.
7 Der Unfall/Das Unglück wurde auf mehrere Ursachen zurückgeführt/konnte auf ... zurückgeführt werden.
8 Es hängt vom Chef ab/Es kommt auf den Chef an, ob wir zelten/campen gehen können.

Drawing conclusions

42

1 Beweise
2 Aus; hervor

3 Befund
4 Deshalb

5 also

Referring to sources of information

43

1 Laut/Nach
2 zufolge
3 Aussage (Ansicht/Meinung, etc.)

4 zitiere
5 steht
6 sich auf

44

1 Nach dem Wetterbericht/Laut Wettervorhersage wird es am Wochenende sonnig.
2 Laut/Nach meinem Wörterbuch/Wie es in meinem Wörterbuch steht, schreibt sich das Wort (aber/doch) mit 'h'.
3 So steht es im Duden.
4 Der genaue Absatz lautet wie folgt:
5 In seinem Abschiedsbrief an seine Frau steht der folgende Wortlaut/das folgende/ist ... zu finden:
6 Ich zitiere aus seinem Artikel/Beitrag.

7   Ich beziehe mich auf/Bezugnehmend auf meinen letzten Brief . . .
8   In Bezug auf den Bericht/Hinsichtlich des Berichtes möchte ich folgendes annehmen:
9   Meine Kollegen und ich stützen/basieren die Folgerung/auf obige Beweise/Hinweise.
10 Beruf dich (doch) nicht ständig auf den früheren Premierminister.
11 Woher haben Sie denn dieses Zitat?

Reporting other people's words and claims

45

1 Er behauptet	9 notieren/aufschreiben
2 Sie behaupten	10 Notizen; gemacht
3 soll (angeblich)	11 soll
4 Es ist kaum zu glauben; wirklich	12 Es hat sich herumgesprochen
5 tatsächlich	13 Es gibt ein Gerücht
6 Eigentlich	14 Wissen Sie das vom Hörensagen
7 wiederholen	15 mich; beraten lassen
8 ausrichten/mitteilen	16 Ich habe gehört

46

Nach dem, was Sabine in der Disco gehört hat, sollen die Rolling Stones vor oder nach ihren Konzerten in München auch in einem Club auftreten. Angeblich kommen/kämen sie in zwei Wochen nach München ins Olympiastadion und haben/hätten am Abend vorher einer Auftritt im Parkcafé. Ihre Freundin Rita behauptet, daß sie Oldies singen/singen würden/sängen, aber auch ein paar neue Songs darbieten/darböten/darbieten würden. Laut Otto bekommt/bekäme man Karten, wenn man direkt zum Club hingeht/hinginge. Nach seinen Angaben/Angeblich würde einem dann auch noch ein weiteres Erkennungszeichen gegeben/würden die einem auch noch ein weiteres Erkennungszeichen geben. Es wüßten schon viele Leute davon und wir müßten uns beeilen, wenn wir auch hinwollen/hinwollten.

47

Das haben wir im Radio gehört:

1   Nach Angaben des Wetterberichts wird es die nächsten Tage heiß und schwül/soll es die nächsten Tage heiß und schwül werden.
2   Dem Bundeskanzler zufolge werden die Steuern nach den Wahlen gesenkt/sollen die Steuern nach den Wahlen gesenkt werden.
3   Laut (dem) Wirtschaftsminister stieg die Inflationsrate im letzten Quartal um 3%/soll die Inflationsrate im letzten Quartal um 3% gestiegen sein.
4   Nach Angaben des Polizeichefs ist es unwahrscheinlich/sei es unwahrscheinlich (*very formal*), daß Autodiebstähle in nächster Zeit zurückgehen.
5   Auf dem Verkehrsschild stand, daß man nicht mehr als 30 fahren darf/dürfe (*very formal*).
6   Dem Staatsanwalt zufolge war das Unglück unvermeidbar/sei das Unglück unvermeidbar gewesen (*formal*).
7   Der Bankräuber behauptet, daß er zur Tatzeit überhaupt nicht am Tatort gewesen ist (*spoken language*)/sei (*news speak*).
8   Die Demonstranten wurden angeblich von der Polizei angegriffen/sollen angeblich von der Polizei angegriffen worden sein.

Expressing necessity

48

1   Studenten müssen den Sozialbeitrag bis zum 1. Oktober zahlen.
2   Im Studentenwohnheim darf nicht geraucht werden./Man darf im Studentenwohnheim nicht rauchen.
3   Nach 20.00 Uhr darf man keinen Besuch mehr bekommen/empfangen.
4   Sie müssen den Sprachkurs bestehen, bevor Sie mit dem Studium richtig anfangen dürfen.
5   Die britischen Studenten müssen sich im Einwohnermeldeamt melden.
6   In Deutschland muß man (s)einen Personalausweis oder Reisepaß immer mitführen/mit sich führen.
7   Man darf nur vorne in den Bus einsteigen.
8   Man muß beim Fahrer zahlen.
9   Auf dem Bürgersteig muß man sich rechts halten – links dürfen nur die Radfahrer fahren.
10 Steigen Sie (bitte) ein und schließen Sie die Türen.

49

1   verboten
2   vertragsbrüchig
3   verstößt gegen den Vertrag

4   verletzen
5   pflichtvergessen/(fahrlässig)

Expressing ability to do something

50

RUDI:	können
SIMON:	unfähig/nicht in der Lage
RUDI:	imstande/fähig; kann
SIMON:	unfähig; außerstande/nicht im Stande
RUDI:	kannst; kann
SIMON:	Kannst
SIMON:	imstande/fähig/in der Lage

Conveying doubt and certainty

51

1   Die Zinsen sollen diese Woche steigen.
2   Für ein paar andere Banken muß der Zusammenbruch von Berings Bank ein großer Schock gewesen sein.
3   Andrew Lloyd-Webbers neuestes Musical soll ein großer Erfolg sein.
4   Nach Augenzeugenberichten starben bei der Hitzewelle letzten Sommer Hunderte von Tauben in London.
5   Verläßliche/Zuverlässige Quellen behaupten, daß in ein paar Monaten eine königliche Hochzeit stattfindet/stattfinden soll.
6   Nach Gewerkschaftsberichten ist ein weiterer/noch ein Streik der Untergrundzugfahrer nächsten Donnerstag unwahrscheinlich.
7   Nach dem, was man hört, muß der Arbeitsmarkt dieses Jahr viel besser sein.
8   Eine Quelle der Konservativen Partei behauptete, daß die nächsten Wahlen erst in zwei Jahren stattfinden werden/würden.

Expressing assumptions, discussing possibility, probability and conditions

52

Wenn ich in England wäre,

1   gäbe es nicht so viele Studenten in den Seminaren.
2   lebte ich/man ziemlich anonym.
3   dürfte man bei Rot über die Straße gehen.
4   könnte/würde man dort fast jeden Tag Baked Beans essen.
5   wäre die Atmosphäre in den Wohnheimen besser.
6   wäre das Leben nicht so/weniger bürokratisch.
7   würde ich dort mehr Leute kennen.
8   würden meine Eltern näher/nicht so weit weg wohnen.

Attracting attention

53

1(c), 2(b), 3(d), 4(g), 5(i), 6(e), 7(a), 8(f), 9(h), 10(j)

Helping and advising

54

1(d), 2(c), 3(e), 4(a), 5(b)

55

1   Bevor Sie diese Tabletten nehmen, sollten Sie erstmal mit Ihrem Arzt sprechen.
2   (Ich meine,) Sie sollten sich da (her)aushalten./Ich rate Ihnen dazu/würde Ihnen dazu raten, sich da herauszuhalten.
3   Sollten/Möchten Sie nicht erst Ihre Frau fragen, ob es ihr auch recht ist/wäre, morgen zu uns zu kommen?
4   Würden Sie für Ihren Anbau nicht eine Genehmigung brauchen?
5   Wie wäre es, wenn Sie flögen/fliegen würden?
6   An Ihrer Stelle würde ich mit dem Autokauf noch warten.

56

1   Sozialhilfe
2   Starthilfe/Entwicklungshilfe
3   unterstützende Maßnahmen treffen/helfen
4   Beihilfe
5   Erste Hilfe
6   unterstützt/subventioniert

Asking for something to be done

57

(a)
1   Könnten/Würden Sie bitte BA anrufen, um meinen Rückflug nach London zu ändern/umzubuchen?
2   Könnten/Würden Sie bitte das Werbematerial kopieren?
3   Könnten Sie/Würden Sie bitte ein FAX an meine Firma schicken?

4 Könnten Sie mir bitte einen Raum suchen, wo ich eine Besprechung am späten Nachmittag/Spätnachmittag vorbereiten kann.

5 Könnten/Würden Sie bitte für 12 Uhr einen Tisch für vier in den Schifferstuben reservieren?

6 Würden Sie bitte Herrn Schneider fragen, ob er weitere/noch mehr Exemplare der deutschen Werbung für Superbond liefern könnte.

(b)

1 Er läßt Frau Dietz BA anrufen, um seinen Rückflug nach London zu ändern/umzubuchen.

2 Er läßt sie Werbematerial kopieren.

3 Er läßt sie ein FAX an seine Firma schicken.

4 Er läßt sie einen Raum suchen, wo er eine Konferenz am Spätnachmittag vorbereiten kann.

5 Er läßt sie für 12 Uhr einen Tisch für vier in den Schifferstuben reservieren.

6 Er läßt (sie) Herrn Schneider fragen, ob er weitere/noch mehr Exemplare der deutschen Werbung für Superbond liefern könne/könnte.

Expressing needs, wishes and desires

58

RUDI: Ich habe ein Zelt, aber es ist reparaturbedürftig.

CLARE: Wahrscheinlich muß es auch imprägniert werden.

RUDI: Ja, und wir müssen die Heringe zählen, ob genug da/vorhanden sind.

AHMED: Was für Kochgelegenheiten gibt es denn?

RUDI: Ich habe einen kleinen Gasherd/gaskocher. Das ist wohl OK/Das reicht wohl, wenn wir nicht zu anspruchsvoll sind. Wir müssen sowieso/auch den täglichen Bedarf an Lebensmitteln besprechen.

CLARE: Ich mag morgens gerne Eier mit Schinken.

AHMED: Es wäre wünschenswert/gut, wenn wir die Getränke kühlhalten könnten.

CLARE: Na, das ist aber Wunschdenken. Wir haben nur genug Platz, um Milch und Fleisch kühl zu halten.

RUDI: Möchte (hier) jemand vegetarisches Essen oder hat jemand besondere (irgendwelche anderen besonderen) Bedürfnisse?

AHMED: Wäre es nicht am besten/das beste, eine Einkaufsliste zu machen/wenn wir eine Einkaufsliste machen würden, wo jeder seine Bedürfnisse und Wünsche sagen kann/wo jeder sagen kann, was er braucht und will?

Expressing objections and complaints

59

2 – 4 – 3 – 5 – 6 – 1

Giving and seeking promises and assurances

60

1 Ja, sofort.

2 Ja, natürlich.

3 Ich würde vorschlagen, wir bitten die Produktion, uns den Liefertermin schriftlich zuzusichern.

4 Gut, ich habe das gegen 4 Uhr für Sie fertig.

5 Wenn ich unterbrechen darf – es handelt sich da um die Garantie (, oder?).

Issuing, accepting and declining invitations and offers

61

1(c), 2(d), 3(a), 4(b), 5(e)

62

1 Haben Sie schon vom Sonderangebot der Deutschen Bundesbahn an Wochenenden gehört?
2 Möchten Sie, daß Frau Meier, die Nachbarin, einen Wohnungsschlüssel für Sie/von Ihnen aufbewahrt, falls Sie sich ausschließen (sollten)?
3 Soll(te) jemand von uns mit Ihnen einkaufen gehen, damit wir Ihnen die besten Geschäfte zeigen können?
4 Können/Sollen wir Ihnen etwas aus der Stadt mitbringen?
5 Es macht uns wirklich (gar) nichts aus, wenn Sie bei uns anklopfen/an die Tür klopfen/wenn Sie bei uns klingeln.
6 Lassen Sie uns wissen/Wir helfen Ihnen gerne, falls Sie ein Problem mit den Behörden haben.

Seeking, granting and denying permission

63

1 Kann/Darf/könnte/Dürfte
2 Geht es/Ginge es
3 Kann/Darf
4 Macht es … aus
5 Kann/Könnte

Giving, accepting and declining suggestions

64

According to Example 1:
1 Ich schlage vor, daß du die Straßenmusikanten in der Altstadt hörst.
2 Ich schlage vor, daß du mit der Kabinenbahn auf den Schauinsland fährst.
3 Ich schlage vor, daß du zu einem Konzert im Münster gehst/du dir ein Konzert im Münster anhörst.
4 Ich schlage vor, daß du in eine Weinstube in der Altstadt gehst und draußen sitzt.
5 Ich schlage vor, daß du von Freiburg aus (mal) nach Straßburg fährst.
6 Ich schlage vor, daß du (mal) einen Ausflug in die Schweiz machst/unternimmst./Es lohnt sich, einen Ausflug in die Schweiz zu machen.
7 Ich schlage vor, daß du dir die Bücher für deine Seminare bald kaufst.
8 Ich schlage vor, daß du in die Mensa gehst, denn da kann man neue Bekannte treffen/um neue Bekannte zu treffen/wenn du neue Bekannte treffen willst.

According to Example 2:
1 Wie wäre es, wenn du die Straßenmusikanten in der Altstadt hörtest/hörst/wenn du in die Altstadt gingest/gehst, um die Straßemusikanten zu hören.
2 Wie wäre es, wenn du mit der Kabinenbahn auf den Schauinsland fahren würdest.
3 Wie wäre es, wenn du ein Konzert im Münster hören würdest/zu einem Konzert im Münster gingest.
4 Wie wäre es, wenn du in eine Weinstube in der Altstadt gingest und draußen säßest/sitzen würdest.
5 Wie wäre es, wenn du von Freiburg aus (mal) nach Straßburg fahren würdest.
6 Wie wäre es, wenn du (mal) einen Ausflug in die Schweiz machen/unternehmen würdest.
7 Es wäre gut, wenn du dir die Bücher für deine Seminare bald kaufen würdest.
8 Wie wäre es/Es wäre gut, wenn du in die Mensa gingest, um neue Bekannte zu treffen.

Issuing and responding to warnings

65

1	Sturmwarnungen	5	Vorsicht
2	Tiefffliegeralarme	6	Warnungen; vorgesehen
3	Warnblinkanlage	7	Achtung, Achtung
4	gefahr	8	Seien Sie vorsichtig

Asserting and denying the truth of something, expressing knowledge, remembering and forgetting

66

CLARE:	weiß
SIMON:	Gerücht
AHMED:	weiß/bin
CLARE:	Erinnert; Gedächtnis
SIMON:	Kopf behalten; (auswendig) können/wissen
AHMED:	Gedächtnis
CLARE:	wissenschaften/wissenschaftler; merken
SIMON:	wahr/richtig; lernen/können/wissen/im Kopf haben
CLARE:	meine/finde
AHMED:	wissenschaftlerin

67

1	kenne	3	kannte	5	wußte
2	wissen	4	kannten		

Expressing future intentions

68

1 Wir haben uns vorgenommen/Wir haben vor, morgen Lebensmittel einkaufen zu gehen.
2 Abends haben wir vor, neue Leute im Wohnheim kennenzulernen./Wir haben vor, abends . . .
3 Für Dienstag haben wir uns vorgenommen, zur Sprechstunde von Prof. Lange zu gehen./Wir haben uns vorgenommen/Wir haben vor, Dienstag zur . . .
4 Für Dienstag nachmittag haben wir vorgenommen, die Uni zu erkunden./Wir haben uns vorgenommen/Wir haben vor, Dienstag nachmittag . . .
5 Für Freitag haben wir uns vorgenommen, auf einen Bummel durch die Freiburger/ Freiburgs Weinstuben zu gehen./Wir haben uns vorgenommen,/Wir haben vor, Freitag auf einen Bummel . . .
6 Für morgen früh haben wir uns vorgenommen, zum Schwimmen ins Freibad zu gehen, falls es heiß ist./Wir haben uns vorgenommen, morgen früh,/Wir haben vor, morgen früh zum Schwimmen . . .
7 Für Samstag morgen haben wir uns vorgenommen, mit der Kabinenbahn auf den Schauinsland zu fahren./Wir haben uns vorgenommen, Samstag morgen/Wir haben vor, Samstag morgen mit der Kabinenbahn . . .
8 Wir haben uns vorgenommen/Wir haben vor, vor Semesterbeginn ein Monatsticket für die öffentlichen Verkehrsmittel zu kaufen.

All sentences can also be phrased using **wollen** (e.g. Wir wollen morgen Lebensmittel einkaufen gehen).

Expressing likes and dislikes: people, things and situations

69

1 Entschuldigung, (aber) ich möchte bitte den Geschäftsführer sprechen/mit dem Geschäftsführer sprechen.
2 Mein Zimmer läßt (wirklich) zu wünschen übrig. Ich habe ein Zimmer mit Dusche gebucht, aber jetzt habe ich ein(es mit) Bad. Das heiße Wasser geht auch nicht./Außerdem gibt es kein heißes Wasser.
3 Das Zimmer ist auch ziemlich kühl/kalt und ich glaube nicht, daß es vor meiner Ankunft geputzt/gesäubert worden ist. Das einzige, was wirklich gut ist, ist der Blick auf den Rhein/der Rheinblick.
4 Das ist unzumutbar. Können Sie das Zimmer, was/das ich jetzt habe, nicht in Ordnung bringen lassen?
5 (Also)/(Ja,) Gut, das ist nett von Ihnen. Danke schön!

70

1	liebe; möchte	3	gefällst	5	mag
2	mag	4	gefällt	6	mochte

71

1	haben/ausstehen/leiden	4	gern
2	ausstehen/leiden	5	haben/ausstehen/leiden
3	übrig	6	hassen

Indicating preference, expressing indifference

72

1 Freiburg scheint teurer als viele andere Universitätsstädte.
2 Aber es ist schöner/hübscher.
3 Wir/Die britischen Studenten haben eine kleinere Stadt lieber/ziehen eine kleinere Stadt vor (*more formal*).
4 Ich habe schon eine Vorliebe für badischen Wein entdeckt.
5 Ich habe Weißwein lieber als Rotwein.
6 Mir ist es egal/gleich, ob ich eine Wohnung oder ein Zimmer im Studentenwohnheim finde.
7 Mir gefällt Freiburg genauso gut wie Straßburg, wo ich ein Semester war.
8 Wir machen nicht so gerne Prüfungen, aber uns gefällt der Seminarstil/Stil der Seminare.

Vocing opinion, expressing firm conviction, expressing agreement and disagreement

73

1	Einstellung	4	vorgefaßte Meinung
2	Haltung	5	geteilter Meinung
3	Meinungskonflikt	6	Überzeugung

74

1(a), 2(b), 3(e), 4(c), 5(d), 6(f)

Health

75
1. Es geht mir sehr gut.
2. Wie geht es dir?
3. Ich fühle mich gesund.
4. Es geht (der) Ulrike den Umständen entsprechend gut.
5. Fehlt/Ist dir etwas?
6. Ahmed ist sehr gesund, aber Thomas sieht heute krank/schlecht aus.
7. Sport treiben/machen soll sehr gesund sein.

76
1. Geh regelmäßig schwimmen/Schwimm regelmäßig.
2. Ernähre dich/Iß vernünftig.
3. Du mußt 10 kg abnehmen.
4. Du mußt dir das Rauchen abgewöhnen/mit dem Rauchen aufhören/das Rauchen aufgeben.
5. Du mußt dir Zeit nehmen, (um) dich auszuruhen/zu entspannen.

77
1. Es geht ihm schlecht/Er ist krank.
2. Er hat sich erkältet.
3. Er leidet an/unter starken Kopfschmerzen.
4. Er hat Fieber.
5. Er quält sich schon seit (vielen) Jahren mit Heuschnupfen/Er leidet schon seit vielen Jahren an Heuschnupfen.
6. Er ist zu krank/fühlt sich zu krank, um in die Praxis/Sprechstunde zu kommen.

78
1. Ist dir kalt?
2. Ist dir schwindlig?
3. Hast du dich wieder erkältet?
4. Wo hast du dich verletzt/dir wehgetan?

79
1. Das Bein tut mir auch weh.
2. Mir ist schlecht. (Ich muß spucken/mich übergeben/brechen)
3. Ich habe Durst.

80
1. Die Todesursache läßt sich nicht feststellen/kann nicht festgestellt werden.
2. Der Patient hat sich bei seinem Bruder mit Masern angesteckt.
3. Das Kind muß gegen Tetanus/Wundstarrkrampf geimpft werden.

81

1 sieht; aus	7 mir; auf
2 abnehmen	8 dich
3 an … gewöhnt	9 läßt; sich
4 dich; ausschlafen	10 mich; lassen
5 sich; mit	11 mir; verschreiben/aufschreiben/geben
6 sich; von	12 am

82						
	1	reich/haltig	3	arm	5	frei
	2	arm	4	ohne		

83					
	1	ansteckst	3	erkältest; dich
	2	geimpft	4	Sonnencreme

84   maßnahme

85   vorbeugen

Expressing happiness, fear and sadness

86					
	1	gut gelaunt/guter Laune	6	macht mir große Sorgen
	2	aus/vor lauter Freude	7	bin; frustriert
	3	Wir freuen uns	8	ärgerte sich über
	4	freuen sich auf	9	fühlt sich; beleidigt/gekränkt/verletzt
	5	Wir hatten Glück	10	sie zum Lachen zu bringen

87					
	1	sich auf	5	beleidigt/gekränkt/verletzt
	2	nach/wegen	6	aufzuheitern/zu amüsieren/
	3	liegt; am		zu belustigen
	4	Angst; vor	7	über; gefreut

88

1 München, den 2.8.96 (*give today's date*)
2 Lieber Rudi,
3 Wie geht es Dir?
4 Hast Du Dich von Deiner Grippe erholt?
5 Mir geht es gut.
6 Vielen Dank für die Disketten mit den Computerspielen, die Du mir geschickt hast.
7 Sie haben mir großen Spaß gemacht/sehr gefallen.
8 Was könnte ich Dir schicken, das Dich ein bißchen aufheitert/um Dich aufzuheitern?
9 Ich freue mich darauf, Dich in den Sommerferien zu sehen.
10 Herzliche Grüße, Dein Thomas

89

1 Ulla hat sich in ihren Kunstlehrer verliebt.
2 Sie ist im siebten Himmel.
3 Manchmal ist sie schrecklich unglücklich.

Satisfaction and dissatisfaction

90

1 Ich bin mit der Behandlung zufrieden.
2 Das Untersuchungsergebnis war zufriedenstellend.
3 Es gab genug/genügend/ausreichend Platz.
4 Ich mußte mich mit wenig Schlaf zufriedengeben.

91

1 dich; damit; daß
2 mich; zufriedengeben

3 sich; damit

92

1 Das Frühstück ist reichhaltig und man kann soviel essen, wie man will.
2 Die Zimmer sind groß genug.
3 Die Unterkunft ist ziemlich/recht gut.
4 Die Aufenthaltsräume sind bequem aber nicht gemütlich.
5 Der Besitzer ist recht nett.
6 Die Verpflegung ist angebracht/ausreichend/adequat.
7 Die Sauberkeit läßt viel zu wünschen übrig.
8 Im großen und ganzen ist die Pension zufriedenstellend und genügt/entspricht den Ansprüchen von Wanderern.

Expressing hopes, wishes and disappointment

93

1 Wir hoffen auf besseres Wetter./Wir hoffen, daß das Wetter besser wird.
2 Er hat es geschafft/fertiggebracht/Es gelang ihm, die Operation zu verschieben.
3 Ich wünschte, ich hätte mehr Geld.
4 Seine Erwartungen an den Kurs wurden enttäuscht.

94

1 gespannt darauf
2 Hoffentlich/Zum Glück/ Glücklicherweise
3 erfüllen
4 verpaßt
5 liegenlassen/vergessen/verloren
6 verirrt/verlaufen
7 verwechselt
8 wünschte
9 in Erfüllung

Expressing surprise

95

1 Er überraschte sie mit einem großen Geschenk.
2 Ich habe ihn dabei erwischt, wie er mit meinem Computer spielte.
3 Hat ihn die Nachricht von ihrer Verlobung überrascht?
4 Ich habe dir eine kleine Überraschung mitgebracht.
5 Er wurde in der Schule beim Rauchen erwischt/ertappt/überrascht.
6 Wir wurden von dem Gewitter überrascht.
7 Sie war völlig überrascht, wie sehr er gewachsen war.

96

1 fest mit; gerechnet
2 unglaublich
3 frage mich/würde gerne wissen
4 unverständlich/unfaßbar
5 nicht; erwartet
6 vorhersehen

Expressing enjoyment and pleasure

97

1	Freude; Spaß	9	Hast du Lust
2	entzückt/erfreut	10	Hast; Lust auf
3	vergnügen	11	gönnen/leisten
4	genossen	12	leisten
5	geschmeckt (**gefallen** *would just refer to the look of it*)	13	gönnen ihm
6	verbracht	14	macht; Witze/Spaß
7	nur so zum Spaß	15	ernst
8	macht; Spaß	16	lustige Bemerkung

98

Blinddarmoperation

TH:	weh
TH:	Krankenhaus
M:	ausfallen
TH:	Lust
TH:	fühle; mich
M:	schlimm; Schwester/Krankenschwester; gewogen; -untersuchung; Beruhigungstablette; schläfst
M:	herausgenommen; vorbei
M:	Kinderarzt; behandelt
M:	dauert; treiben
TH:	Drück(e); alles

SECTION 3

SETTING A

Szene 1

(a) Guten Tag, ich heiße Mountford, Clare Mountford.
(b) Ich soll ein Zimmer im Haus 42 haben.
(c) Wäre es möglich, heute schon einzuziehen?/Könnte ich heute schon einziehen?/Ginge es, daß ich heute schon einziehe?
(d) Das habe ich nicht verstanden./Können/Könnten Sie das bitte wiederholen?
(e) Alles klar/Ja, ich verstehe schon. Ich bezahle heute, wenn es (denn) sein muß.
(f) Ich habe sowohl Euroschecks als auch Reiseschecks.
(g) Ich würde zuerst zur Bank gehen müssen./Ich müßte zuerst auf die/zur Bank (gehen).
(h) Können Sie den Schlüssel nicht sofort aushändigen?/Können Sie mir den Schlüssel nicht sofort geben? Ich habe ja/doch meine Koffer dabei/bei mir.
(i) Vielen Dank. Das ist mir recht./Das geht.

Szene 2

(a) Herein!/Ja!/Ja, bitte!
(b) Hallo/Grüß dich! Ich heiße/Ich bin (die) Clare.
(c) Ich komme aus England.
(d) Nein, ich bin zum ersten Mal hier.
(e) Tschüs!/Bis später/bald.

Szene 3

(a) Rudi, wo ist ein Vorlesungsverzeichnis zu haben/kaufen?/Wo bekomme/finde/erhalte ich ein Vorlesungsverzeichnis?/Wie komme ich an ein Vorlesungsverzeichnis?

(b) Könnte ich mir deins leihen/borgen?

(c) Wo befindet sich die Bibliothek?/Wo ist die Bibliothek zu finden?/Wo ist hier die Bibliothek?

(d) Ich bin gerade dabei, mein Anmeldeformular für die Bibliothek auszufüllen.

(e) Muß man sich jedesmal ausweisen, wenn man in die Bibliothek (rein)geht?

(f) Ist (irgend)eine Gebühr zu bezahlen, wenn man sich an der Uni einschreibt?

Szene 4

(a) Na, was hältst du von der Wohnung?

(b) Gabi ist im Moment nicht da. Sie läßt sich entschuldigen, aber sie hatte sich schon in der Stadt mit einer Freundin verabredet.

(c) Sie ist eine Kommilitonin/Studienkollegin. Die Wohnung gehört ihr./Es ist ihre Wohnung.

(d) Ihre alte Tante hat sie ihr hinterlassen/vermacht./Sie hat sie von ihrer alten Tante geerbt.

(e) Ja, das stimmt. (Übrigens) woher kommst du?

(f) Zufällig/Zufälligerweise habe ich heute eine Studentin aus Manchester getroffen/kennengelernt./Ich bin heute zufällig einer Studentin aus Manchester begegnet.

(g) Geht sie mit jemandem?

(h) Ist sie/Sind sie (denn) verlobt?

(i) Das freut mich/Da bin ich froh, denn ich mag sie (sehr).

(j) Ich komme aus Stuttgart, aber von Geburt (her) bin ich Türke/bin aber gebürtiger Türke/bin aber in der Türkei geboren.

(k) Das hängt von (der) Gabi ab. Ich spreche/rede mit ihr so bald wie möglich. Ruf heute abend noch (ein)mal/wieder an.

Szene 5

(a) Du mußt Mineralwasser oder Tee trinken: das Bier ist alle/es gibt kein Bier mehr.

(b) Du hast gerade den Simon verpaßt.

(c) Das ist der Engländer, der (sich) die Wohnung anschauen/(an)sehen wollte.

(d) Er hat einen sehr guten Eindruck (auf mich) gemacht. Ich hätte nichts dagegen, wenn er einziehen würde.

(e) Er hat versprochen, heute abend anzurufen./Er hat (mir) versichert, daß er heute abend anrufen würde/anruft.

Szene 6

(a) Hallo, Simon! Ich bin (die) Katrin.

(b) Simon, das (hier) ist (der) Rudolf. Alle nennen ihn Rudi.

(c) Du, Gabi, es ist wirklich gemütlich bei euch!/die Wohnung ist wirklich gemütlich.

(d) Simon, du hast ja Glück gehabt, eine so schöne Wohnung zu finden.

(e) (Übrigens) Clare läßt (dich) schön grüßen.

(f) Sie konnte heute nicht kommen, denn sie ist mit ihrer Theatergruppe beschäftigt.

(g) Wie lange seid ihr (schon) miteinander befreundet?

(h) Ahmed, Rudi, ihr kennt euch ja schon, oder?

(i) Ahmed, auf dem Tisch steht (eine Flasche) Wein. Bedien dich (selbst), bitte./Nimm dir bitte (selbst).

(j) Sie mußte ausfallen/abgesagt werden. (Der) Hauptmann ist krank.

(k) Meinst du das wirklich? (Die) Ulrike soll gesagt haben, er sei einer der besten in der ganzen Uni.

(l) Naja, vielleicht hast du recht. Übrigens die Wohnung sollte/muß geputzt werden und du bist an der Reihe.

(m) Viel Glück bei der Prüfung./Alles Gute zum Examen. Ich drücke/halte dir die /den Daumen.

Szene 7

(a) Die Stadt wurde im 12. Jahrhundert gegründet. Damals war sie nur/erst ein Dorf.

(b) Ein Teil der Stadt wurde im Krieg zerstört und viele Gebäude wurden abgerissen.

(c) An dieser Stelle diesem Ort stand ursprünglich ein altes Kloster.

(d) An diese Kirche angebaut/Neben dieser Kirche gibt es ein großes Museum.

(e) Das Gebäude drüben diente vor ein paar Jahren zur Unterbringung von Asylbewerbern.

(f) Die Sprache und die Gebräuche der Stadt gehen auf das Mittelalter zurück.

(g) Meine Familie stammt aus dem Schwarzwald.

(h) Vom Schauinsland aus sind die Alpen zu sehen.

(i) Der Wald erstreckt sich über viele tausend Quadratkilometer/dehnt sich über viele tausend Quadratkilometer aus.

(j) Von Freiburg nach Straßburg braucht man/fährt man/ist/sind es nur 40 Minuten mit dem Auto.

Szene 8

(a) Darf/dürfte ich mal kurz stören?

(b) Würdest du bitte in Zukunft so freundlich/nett sein, und meine Sachen in der Küche nicht benutzen?

(c) Das geht doch nicht, daß du einfach Sachen aus den Schränken nimmst, ohne darum zu bitten/ohne zu fragen.

(d) Mir wäre es lieber, wenn jeder seine eigenen Sachen benutzen würde.

(e) Das wäre (wohl) eine gute Idee. (Mensch,) daß ich darauf nicht selbst gekommen bin!

(f) So ein Unsinn/Blödsinn!/Quatsch! Das einzige, was du teilst, ist dein Abwasch!

(g) Du gehst mir (langsam) auf die Nerven. Vielleicht bist *du* es, der ausziehen sollte/solltest *du* ausziehen. Auf jeden Fall bestehe ich darauf, daß du meine Sachen nicht mehr benutzt.

(h) Das ist doch (einfach) nicht zu fassen/glauben!/Das glaube ich nicht!/Das gibt es doch nicht! So eine Sauerei/Schweinerei!

(i) Ja, das ist so eine Sache . . .

(j) Ich habe mich gerade bei Rudi beklagt, weil er meine Sachen benutzt hat.

(k) Ich habe jetzt die Nase von ihm voll. Er ist eindeutig/ganz klar im Unrecht, aber er will es nicht zugeben.

(l) Katrin, kannst du mir einen Gefallen tun?

(m) Wie wäre es, wenn du mit Rudi sprechen würdest? Du kennst ihn ja besser als ich.

(n) Das wäre ja phantastisch/ausgezeichnet/prima/klasse!

Szene 9

(a) Mir ist schwindlig./Mir schwindelt (es).

(b) Ich bin die ganze Zeit/immer müde und quäle mich mit/habe Hals- und Kopfschmerzen.

(c) Ich glaube,/meine, ich habe Grippe.

(d) An deiner Stelle/In deiner Situation/In deinem Fall würde ich zum Arzt gehen.

(e) Wenn du wirklich krank bist, kannst dir ein Rezept/etwas geben/verschreiben lassen.

(f) Also solltest du dich richtig untersuchen lassen.

(g) Ich rate dir, einen Kassenarzt zu finden. Und vergiß nicht, deinen Krankenschein mitzunehmen.

(h) Das mache ich doch gern (für dich).

Szene 10

(a) Anscheinend nichts.

(b) Er sagte, ich soll(e) abnehmen und das Rauchen aufgeben/mir das Rauchen abgewöhnen.

(c) Er meint, ich halte/hielte mich (körperlich) nicht fit und ich solle/sollte mehr Sport treiben.

(d) Mein Blutdruck ist angeblich ein bißchen zu hoch. Er sagte noch etwas, was ich nicht mitbekommen/mitgekriegt habe.

    (e)   Was willst du damit sagen?/Was meinst du (damit)?

    (f)   Das stimmt (eigentlich) nicht ganz: ich spiele ja Tischtennis.

    (g)   Ich habe nichts Bestimmtes vor/keine festen Pläne.

    (h)   Leider geht das doch nicht/kann ich doch nicht. Mir ist gerade eingefallen, daß ich doch schon etwas vorhabe.

    (i)   Rudi und ich besuchen eine Brauerei.

Szene 11

    (a)   Kann ich bitte (die) Clare sprechen?

    (b)   Hallo, Clare. Ich bin's, der Ahmed./Hier (ist) Ahmed.

    (c)   Gut/Mir geht's gut, danke. Ich wollte fragen, ob du zu einer Party kommen willst/ob du Lust hast, zu einer Party zu kommen.

    (d)   Heute abend. Paßt dir das?

    (e)   Möchtest du dann/stattdessen morgen ins Konzert (gehen)?

    (f)   Nachher/Anschließend könnten wir einen trinken gehen./Wollen wir vielleicht nachher/anschließend einen trinken gehen?

    (g)   Das überlasse ich dir.

    (h)   Möchtest du, daß ich dich im Wohnheim treffe?/Soll ich dich im Wohnheim treffen/abholen?

    (i)   Es macht mir wirklich nichts aus, dich abzuholen. Wie wäre es mit 7 Uhr/Wäre 7 Uhr OK?/Würde dir 7 Uhr passen?

    (j)   Bitte schön/sehr./Nichts zu danken./Keine Ursache./Gern geschehen. Bis morgen.

Szene 12

    (a)   Ich habe ihn vor lauter Zorn/Ärger beleidigt./Ich war so verärgert/sauer, daß ich ihn beleidigt habe.

    (b)   Ich ärgere mich so darüber.

    (c)   Ich kann ihn nicht mehr leiden/ausstehen. Er scheint immer schlechter Laune zu sein/hat ja wohl immer schlechte Laune.

    (d)   Ja, ich weiß. Das ist gerade das Problem. Ich bin geteilter Meinung darüber, ob ich im Wohnheim bleiben sollte.

    (e)   Du hast wahrscheinlich recht. Wie sagt man auf deutsch 'homesick'?/Wie heißt 'homesick' auf deutsch?

    (f)   Weißt du, ich vermisse meinen Freund in England.

    (g)   Ja, aber manchmal frage ich mich, ob er es genauso ernst (mit mir) meint.

    (h)   Naja, ich hatte nicht damit gerechnet, daß ich (so) jemand wie (den) Ahmed kennenlernen würde . . .

SETTING B

Szene 1

    (a)   Hier Lorimer, Firma Lewis Chemicals, England.

    (b)   Ich buchstabiere: L wie Ludwig, O wie Otto, R wie Richard, I wie Ida, M wie Martha, E wie Emil, R wie Richard.

    (c)   Könnte ich bitte (mit) Frau Heck sprechen?/Ist es möglich, Frau Heck zu sprechen?/Bitte verbinden Sie mich mit Frau Heck.

    (d)   Wann ist sie frei/hat sie Zeit?

    (e)   Es geht/Es handelt sich um meinen Besuch nächste Woche.

    (f)   Bitte richten Sie Frau Heck aus, daß ich nächsten Montag um 8 Uhr mit dem Flugzeug in Frankfurt ankomme.

(g) Können Sie mich bitte mit Herrn Schneider verbinden?

(h) Ich möchte unsere Pläne für nächste Woche besprechen.

(i) Es tut mir sehr leid, aber ich werde nur zwei Tage bleiben können/kann nur zwei Tage bleiben. Ich habe am Donnerstag noch eine Konferenz in Berlin.

(j) Machen Sie sich bitte keine Sorgen. Ich bringe alles mit.

(k) Kann ich auch die Stadt besichtigen?/Habe ich auch Gelegenheit, die Stadt zu besichtigen?

(l) Ich freue mich darauf, Sie endlich (ein)mal kennenzulernen. Auf Wiederhören!

Szene 2

(a) Frau Walsh, Herr Lorimer was möchten Sie trinken?

(b) Herr Ober!/Fräulein! (Wir hätten gern/Bringen Sie uns/Wir möchten) einen Tee mit Zitrone und zwei Tassen Kaffee, bitte.

(c) Frau Walsh, sind Sie zum ersten Mal in Deutschland?

(d) Sie können/sprechen (aber) sehr gut Deutsch.

(e) Wie gefällt es Ihnen in Deutschland, Herr Lorimer?

(f) Wo wohnen Sie genau in England?

(g) Ist das in der Nähe von London?

(h) Ich war schon öfters in London und es gefällt mir besser als Frankfurt.

(i) Es ist schon halb elf. Wir müssen gehen. Herr Lorimer, Sie haben ja um halb eins eine Verabredung mit Frau Heck.

(j) Ich bringe Sie erst (ein)mal ins/in Ihr Hotel.

Szene 3

(a) Guten Tag! Ich heiße Lorimer./Mein Name ist Lorimer. Ich habe ein Zimmer reserviert./Sie haben eine Reservierung (für mich).

(b) Ich bin geschäftlich in Mainz. Ich bleibe bis zum sechsundzwanzigsten.

(c) Ich möchte ein Zimmer mit Bad.

(d) Ich möchte ein Zimmer mit Blick auf den Rhein.

(e) Wann gibt es hier/bei Ihnen Frühstück?/Wann kann man hier/bei Ihnen frühstücken?

(f) Wollen Sie/Möchten Sie meinen Reisepaß sehen?

(g) Können Sie mir bitte helfen, den Anmeldeschein auszufüllen?

(h) Kann ich hier/im Hotel Geld wechseln?

(i) Ich will/möchte Reiseschecks einlösen.

(j) Könnten Sie meinen Koffer bitte auf das Zimmer bringen lassen? Ich hab's nämlich eilig/bin nämlich in Eile.

Szene 4

(a) Guten Tag, Herr Lorimer! Bitte kommen Sie herein!

(b) Herzlich willkommen in unserer Firma. Es freut mich sehr, Sie kennenzulernen.

(c) Haben Sie eine gute Reise gehabt?

(d) Hoffentlich gefällt Ihnen das Hotel, das wir für Sie ausgewählt haben.

(e) Bitte, nehmen Sie (doch) Platz!/Bitte, setzen Sie sich!

(f) Herr Lorimer, darf ich Sie mit Herrn Werner bekanntmachen?/darf ich Ihnen Herrn Werner vorstellen?

(g) Herr Werner ist unser Produktionsleiter/der Produktionsleiter unserer Firma.

(h) (Der) Herr Werner ist Chemiker von Beruf.

(i) Herr Werner hat morgen Zeit/wird morgen Zeit haben, die technischen Aspekte des Projekts (mit Ihnen) zu besprechen.

(j) Mein Büro steht Ihnen (und Herrn Werner) morgen ab 9 Uhr zur Verfügung.

Szene 5
(a) Herr Lorimer möchte weitere Informationen/etwas Näheres über die Transportkosten haben.
(b) Laut Vertrag/Vertragsgemäß ist die Firma Lewis Chemicals dafür verantwortlich.
(c) Darf ich Sie (mal) (kurz) unterbrechen. Im Vertrag steht auch, daß wir für die Kosten erst ab (der) Grenze verantwortlich sind.
(d) Daraus folgt, daß PZ den Transport nach Ostende oder Calais organisieren muß.
(e) Haben Sie denn wirklich nicht gewußt, daß sich PZ darauf festgelegt hatte?
(f) Das überrascht mich nicht. Es hat sich ja herumgesprochen, Frau Heck interessiert sich nicht besonders für das Projekt.
(g) Natürlich. Lassen wir das. Reden wir von etwas anderem.
(h) Ich hätte eine kleine Bitte, und zwar möchte Herr Lorimer morgen ins Theater. Wäre es möglich, Karten zu bekommen?

Szene 6
(a) Ich bin hier für alle technischen Fragen zuständig.
(b) Heute fehlen zwei Mitarbeiter. Infolgedessen/Deshalb/Daher werden wir nicht alles sehen können.
(c) Mangelt es auch bei Ihnen/in Ihrer Firma an ausgebildeten technischen Assistenten?/Haben Sie auch nicht ausgebildete technische Assistenten?
(d) Hier (in dieser Abteilung) wird der neue Klebstoff entwickelt.
(e) Alle Experimente geschehen in (der) Gegenwart des Chefingenieurs.
(f) Wieviele ausgebildete Chemiker gibt es/haben Sie in der Firma?
(g) Ist immer ein Chemiker zur Stelle/da, wenn es ein Problem gibt?
(h) Der Bestand an Rohstoffen scheint sehr groß zu sein.
(i) Hat Ihre Firma alle für das Projekt erforderlichen Chemikalien auf Lager/vorrätig?
(j) Sind sie wirklich nur drei Monate haltbar?

Szene 7
(a) Ich habe die Werbedokumente mitgebracht.
(b) Ich wäre dankbar, wenn Sie die technischen Details überprüfen/nachprüfen könnten./Bitte (über)prüfen Sie die technischen Details.
(c) Ist alles in Ordnung?
(d) Wie lange wird die Entwicklungsphase noch dauern?/Dauert die Entwicklungsphase noch lange?
(e) Wann soll das alte Produkt auslaufen?
(f) Glauben Sie/Meinen Sie, er kann nächsten Frühling durch den neuen Klebstoff ersetzt werden?
(g) Leider mußte die geplante Ausstellung in London ausfallen/abgesagt werden.
(h) Aber unser Geschäftsführer hat vor/hat sich vorgenommen, im Neuen Jahr eine Werbekampagne zu organisieren.
(i) Wir sind/Unsere Firma ist mit der Zusammenarbeit mit Ihrem Team sehr zufrieden.
(j) Schönen/Vielen Dank für die Betriebsbesichtigung. Ich möchte Sie gerne mal nach Abingdon einladen./Kommen Sie uns mal in Abingdon besuchen./Besuchen Sie uns doch mal in Abingdon.

Szene 8
(a) Ich fühle mich schlecht/nicht wohl./Es ist mir nicht gut./Mir ist nicht gut.
(b) Ich fürchte, ich habe mich/ich bin erkältet.
(c) Ich habe Husten.
(d) Ich habe kein Fieber.
(e) Ich habe aber furchtbare Kopfschmerzen.
(f) Haben Sie etwas gegen Husten und Kopfschmerzen?

Szene 9

(a) Die Werbedokumente sind sehr äußerst überzeugend.

(b) Aber ich glaube, bei der Verpackung ist Ihnen (wohl) ein Fehler unterlaufen.

(c) Sie müßten sich die Frage der 'modernen Verpackung' noch mal ansehen.

(d) Es ist mir klar/Ich weiß ja, daß die Tube noch im Planungszustand ist.

(e) Zu meinem großen Bedauern/Bedauerlicherweise bin ich der festen Meinung/Überzeugung, daß der ganze Entwurf geändert werden muß.

(f) Ich rate Ihnen von den Farben Gelb und Blau ab. Ich bestehe auf den Farben Schwarz, Rot und Gold.

(g) Es erstaunt mich/Ich wundere mich, daß Sie nicht wissen, daß diese/das die deutschen Nationalfarben sind.

(h) Meiner Meinung nach/Meines Erachtens sollte die Tube nur 7cm breit sein, aber die Länge sollte fast verdoppelt werden/fast zweimal so lang wie jetzt sein.

(i) Sie sollten nicht vergessen/Bitte vergessen Sie nicht, daß auf der Tube stehen muß, woraus der Klebstoff besteht.

Szene 10

(a) Guten Tag! Wir haben (schon) reserviert.

(b) Herr Lorimer, möchten Sie drinnen oder draußen auf der Terrasse sitzen?

(c) Hier ist/Bitte nehmen Sie die Speisekarte. Was nehmen/möchten Sie?

(d) Trinken Sie lieber Bier oder (Mineral)wasser?

(e) Herr Ober, wir möchten (gern) bestellen.

(f) Was empfehlen Sie (uns) heute?

(g) Als Vorspeise nehmen wir die Tagessuppe.

(h) Als Hauptgericht/Danach möchten wir zweimal Jägerschnitzel mit gemischtem Salat.

(i) Herr Ober, Augenblick! Warum dauert es denn so lange? Wie lange müssen wir denn noch warten?

(j) Mein Löffel ist nicht (ganz) sauber. Könnten Sie ihn bitte auswechseln?/Bringen Sie mir bitte einen anderen.

Szene 11

(a) Lassen Sie es sich schmecken!/Guten Appetit!

(b) Herr Lorimer, was halten Sie von den Kosten des Projekts?

(c) Da bin ich nicht mit Ihnen einverstanden/stimme ich Ihnen nicht zu. Ich finde/glaube/meine, sie sind nicht zu verantworten.

(d) Aus welchen Gründen hat man denn den neuen Marketingberater eingestellt?

(e) Meine Kollegen in der Marketingabteilung haben sich bei Frau Heck darüber beklagt/beschwert.

(f) Unsere Firma hat die Verantwortung für das Marketing und den Verkauf übernommen, weil wir ein größeres Verteilernetz haben.

(g) Die neue Marketingberaterin kennt doch den internationalen Markt besser als alle anderen in den beiden Firmen.

(h) Aber der Erfolg ihrer Tätigkeit/Arbeit hängt von der Unterstützung ihrer deutschen Kollegen ab.

(i) Folglich/Demzufolge/Infolgedessen hat sie vor/hat sie sich vorgenommen, den PZ-Betrieb in Mainz so bald wie möglich zu besuchen.

(j) Zahlen, bitte!/Die Rechnung, bitte!

(k) Das geht zusammen./Zusammen, bitte.

(l) Neunzig Mark. Stimmt so.

Szene 12

(a) Frau Heck hat es anscheinend fertiggebracht/ist es anscheinend gelungen, Herrn Lorimer zu verärgern.

(b) Soweit mir bekannt ist, hatte man sich schon letztes Jahr auf die Verpackung geeinigt.

(c) Frau Heck hindert uns daran, mit der Werbekampagne anzufangen.

(d) Herr Lorimer ist darüber sehr frustriert.

(e) Wissen Sie, er macht sich Sorgen wegen des Vertrags.

(f) Herr Lorimer glaubt ja nicht, daß PZ vertragsbrüchig würde. Er fürchtet eher, daß Lewis Chemicals gegen den Vertrag verstoßen würde, wenn sie/die Firma mit der Werbekampagne nicht rechtzeitig anfangen könnte.

(g) Würde es Ihnen etwas/was ausmachen, wenn wir das ein bißchen später machten/machen würden? Ich muß nämlich zuerst für Herrn Lorimer Flugkarten für Donnerstag besorgen.

(h) Nein, ich will doch nicht die Gelegenheit verpassen, die Stadt kennenzulernen.

Szene 13

(a) Sehr geehrte Frau Dr Gutmann

(b) Wir bedanken uns/Haben Sie vielen Dank für Ihr Schreiben/Ihren Brief vom 9. September.

(c) Wir freuen uns, daß Sie sich für unser neues Produkt 'SuperBond' interessieren/an unserem Produkt interessiert sind.

(d) Wir müssen Ihnen leider mitteilen, daß wir erst im April (werden) liefern können.

(e) Wir versichern Ihnen, in Kürze/demnächst/in nächster Zeit einige Muster/Warenproben zu schicken/übersenden.

(f) Wir legen diesem Brief unsere Preisliste bei./Unsere Preisliste liegt diesem Brief bei./Anbei erhalten Sie/In der Anlage finden Sie unsere Preisliste.

(g) Wenn/Falls Sie weitere Fragen haben sollten, wenden Sie sich bitte an meinen Kollegen, Herrn Adams/setzen Sie sich bitte mit meinem Kollegen, Herrn Adams, in Verbindung.

(h) Ich bin sicher, daß unser neues Produkt für Ihre Firma von Interesse sein wird.

(i) Wir hoffen Ihnen hiermit/damit weitergeholfen zu haben/gedient zu haben/etwas dienen zu können.

(j) Mit freundlichen Grüßen/freundlichem Gruß.

Cross-references to Modern German Grammar

In Sections 1 and 2 below, *Ex* refers to the number of the exercise in this book; *S* to the numbered sections in *Modern German Grammar*.

SECTION 1

Ex	S	Ex	S	Ex	S
1	5	21	25	41	38
2	5	22	26, 54.2	42	39
3	5, 8	23	28, 29	43	40
4	6, 8	24	29	44	41, 33.9
5	8.5	25	30	45	42.3g
6	8, 35	26	30.3	46	42.3h
7	9	27	30	47	43–6
8	10	28	32	48	43–6
9	11	29	33	49	47.1–3
10	12	30	33.7, 33.9	50	48
11	13, 5.4	31	33.8	51	49
12	14	32	35.1, 35.3	52	50.5, 50.6
13	15	33	35	53	51
14	18, 19	34	35	54	52–5
15	18.2–3, 19.4–5, 20.7	35	39.1–3, 5.4	55	54.2, 26
16	18.2, 19.4, 20.7	36	36, 33	56	54.2b
17	18.3, 19.5	37	36, 33	57	57, 36
18	18–20	38	33.9, 36	58	58
19	21	39	37	59	59.6
20	23	40	38	60	59.1–5

SECTION 2

Ex	S	Ex	S	Ex	S
1	60–2	4	63 (also 105, 35.6)	7	64
2	60–2	5	63 (also 105.2)	8	65
3	60–2 (also 118.3)	6	64	9	66

Ex	S	Ex	S	Ex	S
10	67	40	81	70	104
11	67	41	82	71	104
12	68	42	83	72	105–6
13	69	43	84	73	107–9
14	70	44	84	74	107–9
15	71	45	85	75	110
16	72	46	84–5	76	110
17	72	47	84–5	77	110
18	72	48	86	78	110
19	69–72	49	86	79	110
20	73	50	87	80	110
21	73	51	88	81	110
22	74	52	89	82	110
23	74	53	90	83	110
24	74	54	91	84	110
25	74	55	91	85	110
26	74	56	91	86	111
27	75	57	92	87	111
28	76	58	93	88	111
29	76	59	94	89	111
30	76	60	95	90	112
31	75–6	61	96	91	112
32	77	62	96	92	112
33	77	63	97	93	113
34	78	64	98	94	113
35	78	65	99	95	114
36	79	66	100–2	96	114
37	79	67	101.1	97	115
38	80	68	103	98	110–15
39	81	69	104		

SECTION 3

In this section, *Szene* refers to the number of the scene in this book; *S* to the numbered sections in *Modern German Grammar*. The keywords listed (under 'This practises . . .') at the start of each scene refer to the Index in *Modern German Grammar*.

SETTING A

Szene	S	Szene	S	Szene	S
1b	35.6	3c	14.1	4i	19.7
1c	39.2–3	3d	36.1	4j	23.1b, 23.2d
1e	8.2–3	3f	77.5	4k	38.1, 48.6a, 41.2,
1g	39.3d, 39.7	4b	35.6b, 37, 14.1		81.10a, 59.1d
1h	13	4d	78.8, 12	5a	34.2c
1i	19.9	4e	50.5b	5b	36.2
3b	37.5b, 30.3	4f	33.8c	5c	10.1

Szene	S	Szene	S	Szene	S
5d	39.2–3	7i	37, 59.1e	10b	39.6a, 36.1, 35.6
5e	19.6, 42.3f, 59.1d	7j	19.4	10c	39.6
6c	19.4	8b	39.7	10d	85.1b, 10.5a
6d	42.3f	8c	8.2, 8.7, 38.1–2	10e	38.2
6e	35.6a	8d	39.7, 51.5, 45	10g	45.1, 46.3
6f	38.1	8e	39.2–3	10h	36.1
6g	34.2d	8f	10.5c	11c	19.7, 8.1–2, 42.3f
6i	41, 37.2	8g	19.3, 23.2e, 38.2a	11d	59.1d, 19.6
6j	40.2	8j	8.1–2	11e	19.5
6k	35.6b, 39.4–6, 48.4	8l	19.2	11f	39.2–3
6l	36.1e, 40.2	8m	39.2, 39.7, 48.6	11g	36.3
6m	46.3, 44.4, 19.2	8n	39.2	11h	19.5, 35.6
7a	40.2	9a	42.3k, 19.7, 19.9	11i	42.3f, 39.2, 39.7, 19.6
7b	40.2	9b	18.4, 37	12b	37, 38.2
7d	18.3	9d	39.7, 19.5	12c	20.5
7e	19.5	9e	89.3, 37.3b, 35.6a	12d	20.5, 38.2, 8.1–2, 117c
7f	18.3	9f	35.6a, 35.6b	12e	36.1e
7g	19.4	9g	19.6, 42.3f, 36.1	12g	37.3a, 48.6a
7h	77.5	9h	34.2c	12h	38.1, 38.2, 39.7

SETTING B

Szene	S	Szene	S	Szene	S
1e	42.3h	5b	5.2, 32	10i	34.2c
1f	8.2, 11.1	5e	32	10j	39.3d
1i	19.7	5f	38.1	11d	77.2
1j	34.2c	5h	39.2b, 42.3f	11e	50.6
1k	42.3f	6a	44.3	11f	36.3, 48.4
1l	37.5a, 42.3f	6d	40	11g	51.1–2, 44.3
2a	35.6a	6i	44.3, 49	11h	36.1, 38.1
2b	39.2b	7b	39.2	11i	48.6a
2d	59.1e, 74.5a	7e	35.6b	12a	42.3h, 42.3f
2e	19.7	7f	40, 81.10	12b	77.2, 38.1
2h	19.7, 48.6	7g	40	12c	42.3e–f
2j	34.2c	8a	19.9	12d	50.6, 33.4c
3a	33.4c, 54.3	8b	37	12e	18.2, 20.7
3b	34.2c, 19.4	8c	23.1d	12f	39.7
3d	18.3	8e	23.1d	12g	91.1d, 39.7, 19.7
3g	42.3f	9a	51.4a	12h	61.6
3j	39.3d, 35.1	9b	36.3	13c	38.1
4b	42.3h, 42.3f, 119.5	9e	20.5, 40	13d	8.6
4d	19.7, 10	9h	20.6	13e	42.3f
4h	23.1b	9i	50.5b	13f	62.3c
4i	42.3f	10a	60.2b, 33.4c, 53.1a	13g	21.1
5a	46.3	10d	51.5		